Eveline Goodman-Thau
Erbe und Erneuerung

Wiener Vorlesungen im Rathaus

Sonderedition
Herausgegeben für die Kulturabteilung der Stadt Wien
von Hubert Christian Ehalt

Vorträge im Rahmen des
»Martin Buber Kollegs der Wiener Vorlesungen«
am 20. Mai, 3. Juni und 24. Juni 2003

Eveline Goodman-Thau

Erbe und Erneuerung

Kulturphilosophie aus den Quellen des Judentums

Picus Verlag Wien

Grafische Gestaltung: Dorothea Löcker, Wien
Umschlagabbildung:
»Moses auf dem Berg Nebo sieht das verheißene Land«,
Lesser Ury, 1928, © Jüdisches Museum Berlin
Druck und Verarbeitung:
Druckerei Theiss GmbH, St. Stefan
ISBN 3-85452-479-X

Informationen über das aktuelle Programm
des Picus Verlags und Veranstaltungen unter
www.picus.at

Inhalt

Und der Ewige sprach: Siehe, da ist ein Ort bei mir, da stelle dich auf den Felsen; Und es wird geschehen, wenn meine Herrlichkeit vorbeizieht, so stelle ich dich in die Felsenkluft, und werde meine Hand über dich decken, bis ich vorübergegangen. Dann will ich meine Hand wegnehmen, und du siehst meinen Rücken; aber mein Angesicht wird nicht gesehen werden.

EXODUS 33, 21–23

Möge das geistige Gut deines Nächsten dir so kostbar sein wie dein eigenes, und korrigiere dich durch das Studium der Tora, weil sie dir nicht *als Erbe zukommt. Und alle deine Taten werden um des Himmels Willen sein.*

RABBI JOSE, *Priester aus dem 1. Jahrhundert*
Sprüche der Väter 2,17

Das Jüdische Erbe Europas

Zur Einführung

Alles Leben ist Begegnung.
MARTIN BUBER

Im Paradox von Bruch und Kontinuität lebt das jüdische Volk seit seinen frühen Anfängen. Einerseits kann es zurückschauen auf eine lange – wenn auch leidvolle – Geschichte voller Brüche und fast unmöglicher Rettungen aus dem Untergang. Andererseits jedoch sehen wir die nahezu übernatürliche Überlebenskraft dieses Volkes: wie aus der Asche seiner Existenz ein neues Leben beginnt. Für den Gläubigen ist es die starke Hand Gottes, für den Ungläubigen die Hand des Schreibers, der aus dem Bruch der Geschichte, am Schnittpunkt von Zeit und Ewigkeit, einen Text gestaltet, der jenseits seiner historischen und biografischen Bedeutung seine Zeit in die Ewigkeit einschreibt. Geschichte also nicht als eine Selbstverständlichkeit, sondern als Zeugnis des Überlebens.

Der jüdische Pädagoge Ernst Simon erinnert sich 1974 an eine Bemerkung seines Freundes und Lehrers Gershom Scholem von vor fünfzig Jahren, kurz vor seiner Einwanderung nach Palästina: »Sie«, sagte Scholem zu Simon, »werden die Erfüllung der religiösen Gebote predigen. Ich werde Vokabeln lehren. Warten wir ab, wobei mehr herauskommt.«[1]

Religiöse Gebote und Vokabeln – das Eigene und das Fremde – sind aus der Sicht dieses deutsch-jüdischen Denkers keine Gegensätze, sondern drücken die Art und Weise aus, in der sich die jüdische Tradition in der Begegnung mit anderen Kulturen immer wieder auf das Eigene als festen Boden nicht zurückgezogen, sondern darauf basiert hat. Diese Basis hatte zwei Aspekte: Es ging einerseits um eine Lebenspraxis, eine Weltanschauung, die verwurzelt im Religiösen traditionsstiftend weiterwirkt, und andererseits um eine Offenheit für das Neue, das Unvollendete. Dies verstand Scholem als das Lehren der »Vokabeln«, ein bewusst gewähltes Fremdwort, welches hier die Aneignung des Hebräischen meint, jener den deutschen Juden damals radikal entfremdeten Sprache. Das Vertrauen auf die Macht des Wortes, die ansteckende Mächtigkeit des Lehrens und Lernens, hat das Judentum von seinen frühen Anfängen bis auf den heutigen Tag geprägt und es sicherlich vor dem Untergang bewahrt. Die Begegnung mit dem Fremden im Eigenen wird so zur Chiffre einer Tradition, die sich ihre Identität immer aufs Neue erringen muss.

Nicht die bloße Gebotserfüllung als religiöse Pflicht, sondern die Suche nach Sinn im Hinblick auf die Deutung der historischen Gegenwart als Grundriss der Ewigkeit ist die große Herausforderung der jüdischen Hermeneutik, die sich der Schwierigkeit dieser Aufgabe, aber auch der Unmöglichkeit des Verzichts wohl bewusst war.

Obwohl das jüdische Volk die einzige antike noch lebende Nation mit einem eigentümlichen Religionsgesetz ist – nachdem das Christentum und der Islam mit ihrem Anspruch als Weltreligionen die nationale Schranken gesprengt hatten –, sind das Verständnis und die Auslegung der Schrift als religiöse und historische Quelle bis zum heutigen Tag der lebendige Ausdruck dieser Suche. Das Ganze des Religionsgesetzes – sowohl seine *schriftliche* Grundlage in den Fünf Büchern Moses wie seine ursprüngliche *mündliche* Überlieferung, die niemals abgeschlossen worden ist – ist in der talmudischen Literatur als Hauptquelle des kollektiven Gedächtnisses enthalten. Eine Anekdote aus dem Babylonischen Talmud verdeutlicht dies:

Rabbi Jose sagte: Alle meine Tage habe ich mich über diesen Schriftvers gequält: »Am Mittag wirst du tappen, wie der Blinde tappt im Dunkeln.« (Deuteronomium 28,29). Denn was kümmert es den Blinden, ob Dunkel ist oder

Licht? Bis mir dieses Geschehnis begegnete: Ich ging einmal in stockfinsterer Nacht und sah einen Erblindeten, der des Weges ging mit einer Fackel in der Hand. Ich sagte zu ihm: »Mein Sohn, was nützt dir diese Fackel?« Er sagte zu mir: »Alle Zeit, da eine Fackel in meiner Hand ist, sehen mich Menschen und bewahren mich vor Fallgruben, vor Dornen und Disteln.«[2]

Die Begegnung mit der Bibel, der lebendige Dialog zwischen Himmel und Erde, wie Martin Buber sagt, ist für Rabbi Jose wie das Gehen eines Blinden in der Finsternis. Für diesen Menschen ist die Welt nicht hell und deutlich zu erkennen, es gibt für ihn auch nicht das Sehen eines Unterschieds zwischen Licht und Dunkel. Seine Existenz ist ein »Tappen im Dunkeln«, jedoch mit einer Fackel in der Hand, die dem Blinden nicht zum Sehen verhilft, den Sehenden aber auf die Fallgruben, Dornen und Disteln auf dem Weg aufmerksam macht. Erst in der Nacht, die dunkel ist wie der Tag für den Blinden, erleuchtet das Licht der Fackel als Zeichen eines sehenden Menschen, für den die Fallgruben am helllichten Tag sichtbar sind, aber in die er trotzdem immer wieder hineinfällt. Sicherlich redet der Erblindete in dieser Geschichte aus praktischer Sicht – er kann ja nicht sehen und ist am Tag wie in der Nacht auf die Augen anderer angewiesen. Aber es scheint, dass diese Augen erst in der stockfinsteren Nacht, wenn ein Erblindeter mit einer Fackel den Weg sucht, wirklich aufgehen. Für Rabbi Jose ist dieser Anblick die Lösung und Lesung eines bisher vor seinen Augen verschlossenen Textes, der ihm jetzt eine Orientierung erlaubt.

In der Begegnung von Individuum und Gesellschaft, des Einzelnen mit sich selbst und mit seiner Umgebung, findet die Gestaltung von Tradition statt, und die Frage nach Orientierung auf dem Weg aus der Moderne gewinnt im Kontext der Begegnung zwischen Judentum und Abendland eine besondere Bedeutung: Es ist möglicherweise das Verdienst der jüdischen Tradition als historisches Phänomen, wie sich gerade hier in Europa am deutlichsten zeigt. So ist der Verlust an Tradition in Europa auch gekennzeichnet vom Verlust des europäischen Judentums, das neben dem antiken griechisch-römischen Erbe, dem Christentum und dem Islam das Denken in Europa gekennzeichnet hat. Die Erfahrungen, die die Völker Europas am Ende des 20. Jahrhunderts machen mussten, sind ein Glied in der Kette, das – trotz oder gerade *wegen* der damit verbundenen Grausamkeit – unentbehrlich ist, um weiterzuleben und um den kommenden Generationen dies auch in würdiger Weise zu ermöglichen.

Im vereinten Europa fällt die »Verschiedenheit der Erinnerung«, das »Leben von Bruch und Kontinuität«, als Riss ins Auge und zeigt, wie die Spuren der Ereignisse in allen Bereichen des Lebens eingeschrieben sind und zumeist noch immer auf Deutung warten. Keine historische Aufarbeitung der Tatsachen, sei sie noch so gründlich, kann die geistesgeschichtlichen Spuren in den traditionellen Denkmustern auswischen, wenn diese Arbeit nicht begleitet wird von einem Überdenken der Prämissen, auf die die Gesellschaft sich stützt. Erinnerung an sich kann diese Aufgabe nicht übernehmen, wenn nicht zugleich die Frage nach einem glaubwürdigen Ethos gestellt wird, das es erlaubt, die Kontinuität als Bruch, also das Scheitern der Tradition als sicheren Angelpunkt zu denken und zu gestalten.

Die Reflexion über das jüdische Erbe Europas dient nicht nur der Erinnerung an die Zerstörung, sondern öffnet ein Tor für ein neues Ethos im gemeinsamen Suchen nach Grundlagen eines kulturellen und politischen Zusammenlebens.

Meine »Wiener Vorlesungen zum Jüdischen Erbe Europas«, gehalten im Frühjahr 2003, stehen im Lichte dieser Überlegungen. Sie sind Martin Buber gewidmet, der 1878 in Wien geboren wurde und 1965 in Jerusalem starb. Die Brücke zwischen Wien und Jerusalem war für Buber Lebensweg und Zeichen im Kontext von Krise und Renaissance jüdischer Identität in der Moderne. Jenseits des Zeitgeistes war es Bubers Anliegen, die Gegenwart im Strom der Zeit aufzuhalten, die Stunde der Entscheidung in Anspruch zu nehmen, wo Möglichkeit und Wirklichkeit einander treffen. Seine Worte gewinnen ihre Bedeutung somit immer von Neuem, damals wie heute:

Die Krankheit unseres Zeitalters gleicht der keines, sie gehört mit denen aller zusammen. Die Geschichte der Kulturen ist nicht ein Stadion der Äonen, in dem ein Läufer nach dem anderen munter und ahnungslos den gleichen Todeskreis zu durchmessen hätte. Durch ihre Auf- und Niedergänge führt ein namenloser Weg. Kein Weg des Fortschritts und der Entwicklung; ein Hinabstieg durch die Spiralen der geistigen Unterwelt, wohl auch ein Aufstieg zum innersten, feinsten, verschlungensten Wirbel zu nennen, wo es kein Weiter mehr und erst recht kein Zurück gibt, nur noch die unerhörte Umkehr: den Durchbruch. Werden wir den Weg bis ans Ende gehen müssen, bis in die Probe der letzten Finsternis? Wo aber Gefahr ist, wächst das Rettende auch.[3]

Meine eigene Brücke von Wien nach Jerusalem ist von diesen Gedanken geprägt. Als Rabbinerin und Professorin habe ich in meiner Geburtsstadt Wien die Erfahrungen des Verlustes und der Begegnung gemacht, als *sichtbare* Brücken über den Abgrund der Geschichte:

Gefährten auf dem Weg zu haben, bedeutet gemeinsame Erinnerungen zu leben, jenseits der historischen Wahrheit. Unterwegs zu sein, nicht im Tal der Tränen, sondern auf den Höhen der Hoffnung.[4]

An dieser Stelle möchte ich meinen Dank aussprechen an Univ.-Prof. Dr. Hubert Christian Ehalt von der Kulturabteilung der Stadt Wien für die Einladung, zum Jüdischen Erbe Europas als Zeichen der Erneuerung eine Reihe von Vorlesungen zu halten, sowie für seine ständige Unterstützung und Begleitung. Meine Dankbarkeit gilt auch meinen Kollegen an der Universität Wien, Univ.-Prof. Dr. Kurt Schubert, Univ.-Prof. Dr. Peter Kampits und Univ.-Doz. Dr. John Bunzl, Österreichisches Institut für internationale Politik, für ihre Einführungen zu den Einzelvorträgen.

Frau Silke E. Wahle, meiner Doktorandin an der Universität Kassel und wissenschaftlichen Mitarbeiterin der Hermann-Cohen-Akademie für Religion, Wissenschaft und Kunst, danke ich für ihre sorgfältige redaktionelle Durchsicht des Manuskripts.

Den Verlegern Dorothea Löcker und Dr. Alexander Potyka wie auch den Mitarbeiterinnen des Picus Verlags danke ich für ihr Engagement und das professionelle Lektorat, welches unsere Zusammenarbeit zu einem besonderen Vergnügen gemacht hat.

Eveline Goodman-Thau
zwischen Jerusalem und Wien
im Mai 2004

Anmerkungen

1 Ernst Simon, Entscheidung zum Judentum, Frankfurt/M. 1980, S. 160.
2 Babylonischer Talmud, Megilla 24b.
3 Martin Buber, Ich und Du (1923), in: Das Dialogische Prinzip, 7. Aufl. Gerlingen 1994, S. 58.
4 Eveline Goodman-Thau, Eine Rabbinerin in Wien. Betrachtungen, Wien 2003, S. 27.

Das religiöse Erbe

Kanon und Kultur in jüdischer Tradition

Ein Text, der auf eine Tradition aufgespannt ist, wie Saiten auf dem Holz einer Violine!

EMMANUEL LÉVINAS

Text und Tradition

Die Bibel ist ein religiöses Buch in dem Sinne, als es Erfahrungen zwischen Gott und Mensch festhält, insbesondere das Verhältnis des Gottes Israels zu seinem Volk Israel, aber auch dadurch, dass dieses Verhältnis in einer bestimmten Epoche der Geschichte verstanden wurde. Die Kreatur in ihrer Suche nach und in der Antwort auf den Schöpfer, der Schöpfer in der Suche nach und in der Antwort auf seine Kreatur, dies sind die ewig wiederkehrenden Themen der Bibel. Die Worte und Namen, die für diese Erfahrungen gewählt werden, sind aber nie identisch mit der Erfahrung an sich. Die Erfahrungen selbst bleiben stumm aus Ehrfurcht vor der Begegnung mit Gott.

Das Verhältnis von Gott zum Volk Israel ist eine Liebesbeziehung, die ihren Anfang hat mit Abraham, der in vollem Vertrauen, ohne Bedingungen zu stellen, den langen Weg mit Gott geht. Abraham, der bereit ist, seine Zukunft und die Zukunft des jüdischen Volkes zu opfern auf dem Altar des Vertrauens und der Liebe, der bereits am Anfang den Weg von der Knechtschaft in Ägypten und der Befreiung erfährt, ist der Wegbereiter für den biblischen Monotheismus, welcher nicht einen quantitativen – *ein* Gott gegenüber *vielen* Göttern –, sondern einen qualitativen Durchbruch bedeutet: ein »Glaubenssprung – leap of faith«, der ein Brückenschlag einer Liebesbeziehung ist, eine Beziehung, die es bis dahin zwischen einem Menschen und einem Gott noch nicht gegeben hat.

Es bedeutet einen Abschied von einer hierarchischen Ordnung – einem übermächtigen Herrschergott, der, ohne seine Gefühle zu zeigen, den Menschen gebietet seinen Willen auszuführen, der jede Verweigerung, jeden Aufruhr mit Strafdrohungen unterbindet, der Übertretungen sofort bestraft. Dies alles *nur*, um seine Alleinherrschaft zu zeigen und zu festigen. Nicht nur in den Augen seiner »Untertanen«, sondern mehr als alles andere in den Augen seiner Rivalen, der anderen Götter, auf die die Menschen vielleicht eher ihre Karten setzen würden, als ihr Vertrauen auf ihn. Das Versprechen einer Strafe ist, wie wir leider wissen, eine solidere Basis eines Verhältnisses als das Versprechen einer bedingungslosen Liebe.

Der geistige Durchbruch der Bibel ist eben ein Aufleuchten der Gegenseitigkeit: Der Mensch braucht Gott, wie Gott den Menschen braucht – in den Worten des berühmten mittelalterlichen jüdischen Denkers und Dichters Jehuda Halevi: »*Bezeti likratecha likrati mezaticha* – Als ich zu dir hinausging, fand ich dich mir entgegenkommen.«

Die Begegnung zwischen zwei ebenbürtigen Partnern ist die feste Basis dieses Brückenschlags, die in der Sehnsucht nach der Rückkehr – *Teschuva* – ihren realen *und* geistigen Ausdruck findet. Es ist nicht eine Heimkehr zum Geburtsort, sondern eine Heimkehr aus dem Sklavenhaus, aus Bindungen, die einen Menschen der Freiheit berauben, ihm den freien Weg zu Gott versperren, ein Wüstenweg, wo der »Tau des Himmels« das Volk vorbereitet auf das »Fett des Landes«, im Wissen, dass Natur und Kultur von nun an untrennbar miteinander verbunden sind. Beide werden ernährt vom Ethos des Vertrauens und der Liebe, die zwischen Gott als Schöpfer der Welt und der »Naturgesetze« und dem Menschen als Schöpfer der »Kulturgesetze« besteht. Das kulturelle Zusammenleben, als Garantie für die göttliche Ordnung der Welt, ist die menschliche Bestätigung der von Gott gegebenen Gesetze, nicht im Sinne einer Ver-ordnung, sondern eines Vermächtnisses. Eine rabbinische Aussage legt in Gottes Mund den folgenden Spruch: »Ich habe ihnen die Tora gegeben und mich damit verkauft«, das heißt, es ist der Mensch, der von nun an die Welt erhalten oder zerstören kann.

In dieser Liebesbeziehung sind Gottes Hände gebunden, der Mensch aber ist frei … Im Bund mit Noach verzichtet Gott auf seine Macht, die Welt zu zerstören.

Das geistige und religiöse Leben des jüdischen Volkes im Laufe der Jahrhunderte ist geprägt durch eine Tradition. Wie auch andere Religionen basiert das Judentum auf einem schriftlich festgelegten Kanon, der einerseits die Geschichte des jüdischen Volkes enthält, aber darüber hinaus die Grundlagen für den Glauben bildet. Die Heilige Schrift wurde sorgfältig aufgeschrieben, jede Rolle, jeder Satz, ja sogar jeder Buchstabe wurde mit größter Behutsamkeit behandelt. Die Lehre, die Moses geboten hatte, wurde »zum Erbteil der Gemeinde Jakobs« (Deuteronomium 33,4).

Aber zugleich bestand ein Drang, nicht nur Hüter dieser Erbschaft zu sein. Rabbi Jose, ein Priester aus dem 1. Jahrhundert, lehrte in diesem Sinn:

> *Möge das geistige Gut deines Nächsten dir so kostbar sein wie dein eigenes, und widme dich dem Lernen der Tora, weil sie dir* nicht *als Erbe zukommt. Und alle deine Taten werden um des Himmels Willen sein.* (Sprüche der Väter 2,17)

Rabbi Jose brachte zum Ausdruck, was die Bibel in seiner Zeit für eine Bedeutung hatte: Um ein wirkliches Erbe zu sein, genügt es nicht, dass sie bloß gelesen und gelernt wird, die Bibel als Tora (Lehre) muss vielmehr in jedem Wort immer wieder neu entdeckt werden, um ein persönliches Erbe für jeden Einzelnen zu werden. Um dies als Gemeinschaft zu erreichen, musst du, so Rabbi Jose, der Priester, das geistige

Erbteil, das heißt die Interpretationen der Anderen wie deine eigenen respektieren. Nur so kann die Tora das wahrhaftige Erbteil der Gemeinde Jakobs werden.

In der jüdischen Tradition findet dieser Prozess auf zwei Ebenen statt, durch das Lernen und das Beten als zwei Möglichkeiten, Tradition zu stiften und die »Mitte der Zeit« mit Inhalt zu füllen.

Jüdische Hermeneutik als methodisches Bindeglied zwischen Text und Tradition beschäftigt sich nicht in erster Linie mit der Auslegung der Schrift, sondern vielmehr mit der Frage, wie menschliche Erfahrungen – die im Laufe der Jahrhunderte in der jüdischen Tradition in religiöser Sprache ausgedrückt und aufgezeichnet wurden – im Text aufleuchten. Die Kunst, die Heilige Schrift als das Wort Gottes »sprechen zu lassen«, noch bevor eine bestimmte Bedeutung daran geknüpft wurde, ist ein Merkmal jüdischer Hermeneutik von ihren frühen Anfängen an gewesen, und die Sehnsucht nach den Geheimnissen der Tora hat zu jeder Zeit Gott und Mensch verbunden. Die Reflexion über die Rolle des Menschen und die menschliche Handlung steht im Mittelpunkt des hermeneutischen Diskurses. Manchmal deutet die Erörterung die Quelle, und manchmal dient die Quelle als Illustration der Erörterung. Wir haben es hier also weniger mit einer Interpretation zu tun als vielmehr mit einer Begegnung mit der Schrift, die sich jeder Systematik entzieht und die sich immer wieder an jeder Auslegung orientieren muss. Jüdische Hermeneutik lässt sich also nicht aus einer Gesetzlichkeit ab- oder herleiten, sondern bedarf der freien Entscheidung des Menschen als Vorbedingung und ist deshalb durch den Menschen als frei wählendes Individuum bedingt. Diese Freiheit hebt die hermeneutische Handlung auf eine höhere Ebene, die den Bund mit Gott immer aufs Neue bestätigt.

Ob religiöse Erfahrung überhaupt in einer Sprache ausgedrückt werden kann, wird bereits im biblischen Text thematisiert. Die Offenbarung Gottes auf dem Berg Sinai als religiöse Grunderfahrung ist die Erfahrung mit Sprache schlechthin, die in der Begegnung Gottes mit dem ganzen Volk Israel in die geschichtliche Zeit eingegangen ist. Der Auszug aus Ägypten als historische Tatsache verbindet sich hier mit dem ahistorischen Moment der Begegnung zwischen Gott und Volk, und aus der Erfahrung der Sprache der Offenbarung bildet sich die Idee der Sprache als Offenbarung, die in der jüdischen Mystik ihre Ausprägung erlebt. Die Rede Gottes nimmt in dieser Hinsicht teil an der inneren, geheimen Dimension, die in menschlicher Sprache präsent ist und die Kommunikation ermöglicht.[1]

Der symbolische Charakter der Sprache hat seine Quelle in dieser Mitteilbarkeit der Zweiseitigkeit, nämlich das Göttliche und das Menschliche zum Ausdruck zu bringen. In jüdischer Tradition ist der Name Gottes als Ausdruck des Daseins Gottes ansprechbar, aber nicht aussprechbar.[2] Die Frage nach der Sprache als Bindeglied zwischen Gott und Mensch gewinnt im religiösen Bereich eine besondere Brisanz. Dort kommt nämlich sowohl ihre offenbarende als auch ihre verhüllende Funktion zum Vorschein, als die schmale, schwankende Brücke aus Worten, die als Bedingung der Sprache zwischen Himmel und Erde hängt.

Im Begriff »Tora« als Heilige Schrift, die durch die Übersetzung in eine mündliche Lehre dem Menschen erst zugänglich wird, eröffnet sich aus jüdischer Sicht eine Wirklichkeit, die konkret und erhaben neben der realen Wirklichkeit einen zentralen Ort im Leben des Volkes einnimmt. Das Diktum »Israel und die Tora sind eins« galt als Leitwort und erlaubte das offene und verborgene Sehen durch die Irrtümer und den Schein der Welt hindurch. In diesem Sinne ist Tora kein Ausdruck für Gesetz oder Glaube, Gebot oder Weisheit, sondern ein Ausdruck dafür, dass Gott Schöpfer der Welt ist und dass er diese Welt nur mit ihr und um ihretwillen erschaffen hat. Das Lernen der Tora als Lebensweg ist so zum Kern der jüdischen Hermeneutik geworden.

Die grundsätzliche Frage, wie es überhaupt möglich ist, die Begegnung zwischen Gott und Mensch in Sprache auszudrücken, haben die Rabbinen in einem Satz zu lösen versucht:

Dibra Tora kilschon bnei adam – »Die Tora redet *wie* in menschlicher Sprache.«[3]

Der biblische Text ist nicht ohnmächtig gegenüber dieser Begegnung mit einer Wirklichkeit, die sich immer wieder sprachlich erneuert. Jedoch wählt der Schreiber bewusst und absichtsvoll diesen Weg: Er gestaltet mit der Schrift eine Art Leiter zwischen Mensch und Gott und dabei weiß er, dass es eben gerade nicht die Stufen dieser Leiter sind, die das Auf und Ab bestimmen und ermöglichen. Es sind die Abstände zwischen diesen Stufen, die den Weg bestimmen und ermöglichen, ihm gleichsam im Schweigen eine Stimme geben. Jede Begegnung mit einem religiösen Text, sei es im religiösen oder wissenschaftlichen Rahmen, muss diese Gleichzeitigkeit von Nähe und Ferne, das Anwesende und das Abwesende, die Fülle und die Leere miteinbeziehen. Im Bild der Leiter Jakobs ist das Verhältnis zwischen dem konkreten Text und der religiösen Erfahrung zu verstehen. Die Leerstellen zwischen den Stufen müssen entdeckt werden. In der Sprache einer alten jüdischen Redeweise[4]: »Die Tora wurde geschrieben, schwarzes Feuer auf weißes Feuer«. Das schwarze Feuer sind die Buchstaben der Tora, die es uns ermöglichen, sie zu lesen; sie sind aber zugleich nur Rahmen für die auszufüllenden Zwischenräume.

Es ist wichtig, dass eine historische Betrachtung eines religiösen Textes die Möglichkeit einschließt, den Text in seinem historischen Kontext a-historisch zu betrachten, das heißt einen religiösen Text immer in seiner grundlegenden Problematik zu sehen, nämlich in der Problematik von Sprache und Zeit. Sprache in dem Sinne, dass menschliche Sprache nie ausreichend ist, eine Brücke zwischen Mensch und Gott zu schlagen; und Zeit in dem Sinne, dass der Mensch eben endlich und bedingt, Gott aber unendlich und unbedingt ist. Einen religiösen Text verstehen heißt daher, in seiner Ohnmacht seine Stärke zu entdecken: Nur ohne Macht, das heißt ohne wirklich vollkommen begreifbar zu sein, also ohne den Leser ganz überzeugen zu wollen, kann seine Wirklichkeit entdeckt werden.

Einen religiösen Text »sprechen zu lassen« heißt, ihn für einen Augenblick aus seinem historischen Kontext zu lösen und ihn »wie am ersten Tag« zu hören. Die Abschiedsreden von Mose an das Volk Israel im Buch Deuteronomium sind ein Beispiel für dieses Brechen der Historizität des Textes, das eine Begegnung mit einer anderen Wirklichkeit ermöglicht. Zwei Dinge werden hier nämlich erreicht: Einerseits wird die Gegenwart mit der Vergangenheit verbunden und so als eine wirkliche Erfahrung erlebt, und andererseits wird die Gegenwart als Ewigkeit erlebt, die in jedem Augenblick wieder Gegenwart werden kann. Es geschieht also auf der horizontalen Ebene der Zeitlichkeit und auf der vertikalen, wo die Ewigkeit in die Zeit einbricht. Eine rabbinische Auslegung soll dies verdeutlichen.

R. Isaak lehrte: Das, was die Propheten in künftigen Generationen weissagten, hatten sie schon von der sinaitischen Offenbarung her empfangen. So sprach auch Mose zu den Israeliten: »Ich mache diesen Bund und diesen Eid nicht mit euch allein, sondern mit euch, die ihr heute hier seid und mit uns steht vor dem Herrn, unserm Gott, als auch mit denen, die heute nicht hier mit uns sind.« (Deuteronomium 29,14)

Es heißt hier nicht: »die heute nicht hier mit uns stehen«, sondern: »die heute nicht hier mit uns sind«. Das bezieht sich auf die Seelen, die erst in der Zukunft erschaffen werden sollen. Weil sie damals noch keine Realität hatten, wird das Wort »stehen« hier nicht für sie gebraucht. Obzwar sie also zu jener Stunde noch nicht existierten, erhielt doch damals schon jede Seele ihren Anteil. Darum heißt es auch (in Maleachi 1,1, dem letzten Propheten): »Die Bürde der Rede des Herrn durch Maleachi« (wörtlich: in der Hand von Maleachi). Es heißt hier nicht: »in den Tagen von Maleachi«, sondern: »in der Hand von Maleachi«. Denn er war schon seit dem Sinai im Besitz seiner Prophetie. Aber erst jetzt erhielt er die Erlaubnis zur Weissagung. So sprach auch Jesaja (Jesaja 48,16): »Von der Zeit an, da es ward, bin ich da. Und nun sendet mich der Herr Gott und sein Geist«, als ob er sagen wollte: »Ich war dabei als die Tora am Berge Sinai gegeben wurde, und damals erhielt ich meine Prophetie. Aber erst jetzt wurde mir die Erlaubnis zum Weissagen erteilt.« Und es waren nicht nur die Propheten, die ihre Prophetie vom Sinai her erhielten, sondern auch von den Weisen aller zukünftigen Geschlechter erhielt ein jeder seine Weisheit am Sinai.[5]

Es geht nicht nur darum, die Propheten und die Weisen in Israel in ihren Aussagen zu legitimieren, sondern für jede Generation die Möglichkeit zu schaffen, den heiligen Text als das lebendige Wort Gottes wahrzunehmen, wie es erlebt wurde von der ersten Generation, die durch Gott aus Ägypten zum Berg Sinai geführt wurde. Die Heilige Schrift ist in dieser Hinsicht in jüdischer Tradition nämlich nur »Schrift«, indem sie das gesprochene Wort Gottes darstellt.[6] Wie in Mose das Wort Gottes hervorbricht, so wird durch den Bericht dieses Geschehens dem Volk ermöglicht, dem Gott zum Munde zu werden.[7] Durch das Sprechen Gottes werden Zeit und Ewigkeit in ihrer Widersprüchlichkeit aufgehoben.

In der jüdischen Tradition ist die Bibel, das heißt der *TeNaCH: Tora* (die fünf Bücher Mose), *Neviim* (die Propheten), *Ketuvim* (die Schriften), die sprachliche Form der Gotteserfahrung. Sie ist Heilige Schrift, weil sie immer wieder die mündliche Aussage Gottes nötig hat, um verstanden zu werden. Das gesprochene Wort Gottes findet ein ständiges Echo in der Interpretation, die das schriftliche Wort wieder in ein mündliches Wort zurückübersetzt. Die jüdischen Gelehrten machen daher eine Trennung zwischen schriftlicher und mündlicher Lehre, *Tora sche-bichtaw* und *Tora sche-be'al pe*, bestehen aber darauf, dass beide am Berg Sinai gegeben wurden. Die mündliche Lehre, die sich im Laufe der Jahrhunderte in der jüdischen Tradition entwickelte, ist der Ausdruck des geistigen und religiösen Lebens des Volkes.

Diese Lehre füllt die Leere zwischen Mensch und Gott. »Und diese Sache ist nicht leer von euch«, betont Mose in seiner Abschiedsrede (Deuteronomium 32,47). Und der Midrasch sagt, »wenn sie leer ist, ist sie nur leer, weil ihr sie nicht gefüllt habt«.[8]

Die Kunst, die Leere des biblischen Textes mit Lehre zu füllen, ist in der rabbinischen Diskussion im Talmud vorgegeben, in einem Text also, der sich – wie die Bibel – aus seinem Zusammenfließen von verschiedenen Texten zu einem Gewebe konstituiert und der sein Leben dem Akt des Kommentierens verdankt. Keine ganzheitliche Wahrheit ist hier vernehmbar, sondern das Gesagte wird immer wieder relativiert durch eine Vielfalt von Gegensätzen, die dem Text eine wunderbare Glaubwürdigkeit verschafft. Jedes Argument ist in den Urtext der Bibel eingebettet, gewinnt aber durch den argumentativen Kommentar einen Sinn, der in paradoxer Weise ein Gegenargument auslöst. In Rede und Widerrede erscheinen Gott und Mensch – in der Gestalt von Text und Kommentar – als Gegner in einem nie endenden Ringen um Bedeutung. Der »Streit um des Himmels Willen« – *Machloket le-schem schamajim* – ist so eine der Grundformen der jüdischen Auslegungstradition.

Die jüdische Tradition hat jede neue Auslegung wieder auf die Tora und die Texte aus Midrasch und Talmud zurückgeführt. Jede neue Interpretation ist ein Kommentar zu dem Alten, jedoch nicht, weil es alt ist. Die Tora ist zeitlich ungebunden. Wann immer sie aufgeschlagen wird, wird sie wie am ersten Tag neu entdeckt. Was in einem früheren Dokument steht, wird nicht seines Alters wegen als höhere Autorität betrachtet, sondern wegen der ewigen Grunderkenntnisse, die darin zu finden sind.

Der Inhalt der Tora ist also nicht fixiert, er wächst immer mehr und man erwartet von dem Talmudschüler, dass er etwas Neues hinzuzufügen oder etwas für das Verständnis der Tora Neues zu finden hat. Das Studium ist ein Gespräch mit dem Text, ein Fragen, das zu einem tieferem Verständnis führen soll. Man stellt eine Frage und der Text antwortet. Öfters antizipiert er unsere Fragen und wir lesen sie laut als Antwort.

Auch der Text selbst gibt dem Schüler Fragen auf, und erst wenn er sie beantwortet hat, kann er weiterlernen. Der Schüler muss betroffen sein, ein Teil des Denk- und Lernprozesses der vergangenen Generationen werden, um zu verstehen, was der Text sagen will. Abraham Joshua Heschel spricht vom Geheimnis der Offenbarung:

Wir dürfen nicht versuchen, die Bibeltexte, die vom Sinaigeschehen handeln, wie Texte systematischer Theologie zu lesen. Ihre Absicht ist, das Geheimnis zu feiern; sie wollen uns damit bekanntmachen, nicht eindringen oder erklären. Als Bericht über die Offenbarung ist die Bibel selber ein Midrasch.[9]

In seinem Lernen erzählt der Schüler den Midrasch weiter und schlägt die Brücke zwischen schriftlicher und mündlicher Lehre: Offenbarung wird so zum Instrument der Erlösung. Eine chassidische Auslegung soll die Verbindung zwischen Schriftdeutung und Erlösung erläutern:

R. Bunam kam einst in die Kammer seines Lehrers, des Jehudi. Der sah vom Buch auf wie einer, der seine Arbeit für einen Augenblick, jedoch nicht ungern, unterbricht, und sprach wie in einem Spiel: »Sag mir einen Vers in der Tora, und ich will ihn dir deuten.« Bunam sagte den Vers, der ihm als erster einfiel: »So redete Mose die Worte dieses Gesanges in die Ohren aller Versammlung Israels, bis sie vollendet waren.« »Bis sie vollendet waren«, wiederholte der Jehudi und sah wieder ins Buch; die Unterredung war zu Ende. Rabbi Bunam ging in hoher Freude hinaus. Sein Gefährte, Rabbi Henoch, der mit ihm in der Kammer des Lehrers gewesen war, fragte ihn, worüber er sich freue, er habe doch die versprochene Deutung nicht zu hören bekommen. »Besinne dich!«, sagte Bunam. Da verstand der andere: Mose hatte seinen Gesang wieder und wieder zu den Kindern Israel gesprochen, bis er sie zur Vollendung brachte.[10]

Kanon und Kultur

Mehr als alle anderen Religionen hat das Judentum sich ständig mit seiner eigenen Identität auseinander gesetzt. Es behauptet seine Einzigartigkeit und macht sie in jeder Form geltend, was dazu führte, dass es eine sich selbst reflektierende Kultur wurde. Diese Selbstreflexion nahm die Gestalt historischen Bewusstseins an.[11] Dies erklärt auch die besondere Art und Weise, in der das Judentum religiöses Gedankengut in säkulare Sprache und Ideen übersetzen konnte. Das historische Bewusstsein war der Schlüssel zum Verständnis der Glaubensfragen, die sich in jeder Generation aufs Neue stellten und die nur im Lichte der jeweiligen historischen Situation eine Antwort bekommen konnten. Es ist Gott, der die Geschichte Israels mit den Völkern begleitet. Die Schechina, als Einwohnung Gottes in der Welt, ist mit dem Volk ins Exil gegangen, und die Aufgabe, von nun an ein »Licht für die Nationen« zu sein, ist eine ständige Mahnung und ein Appell an das erwählte Volk, seine Aufgabe auch unter den schwierigsten Umständen nicht aufzugeben. Sie ist auch der Beweis dafür, dass die Vorsehung andauert, dass der Gott Israels sein Volk nicht verlassen hat und es nach dem leidvollen Exil wieder nach Zion zurückbringen wird. Die kulturelle Aufgabe ist somit im Judentum eng mit der Idee der Verheißung verbunden und die Auseinandersetzung mit neuem Gedankengut als Erklärung der eigenen Existenz wird zur Überlebensfrage. Das Judentum hat somit die Idee der Mission aufgegeben, es hat aber nicht auf die geistige Interaktion mit den Völkern, als existenzielle Pflicht und als Weg zur Erlösung, verzichtet.

In diesem Zusammenhang ist es wichtig, die Bedeutung von Tradition im Judentum zu betrachten. Erstens gibt es die Definition von Tradition (*Massoret*), die sich auf das genaue Wort-für-Wort-Weitergeben des biblischen Textes als Heilige Schrift bezieht. Die zweite Definition von Tradition meint den ganzen Korpus der religiösen Schriften in ihren theoretischen und juristischen Aspekten. Dieser Korpus ist im Grunde der

Ausdruck des fortdauernden Kommentars, der nicht vom Text selbst zu trennen ist: Form und Inhalt sind eng miteinander verknüpft. Erst durch die Interpretation bekommt der Text seine Bedeutung, weil er, wie wir oben gezeigt haben, einerseits ein Text ist, der »wie in menschlicher Sprache« spricht. Aber andererseits auch, weil Tradition genau dieses Verhältnis von Text und Kommentar als dialektische Spannung zum Ausdruck bringt. In dieser Hinsicht gibt es keinen Unterschied zwischen dem Judentum und anderen positiven Religionen, die den menschlichen Kommentar auf die Offenbarung Gottes zur Grundlage ihres religiösen Lebens gemacht haben. Indem das religiöse Leben seine eigenen Wurzeln im Text schlug und so untrennbar damit verschmolzen wurde, bekommt Tradition einen religiösen Stellenwert und erweitert ihre eigene Bedeutung von der Sphäre des Textes zur Sphäre des Kommentars. Die Brüche im Text, die durch die historisch-kritische Methode der Bibelkritik des 19. Jahrhunderts aufgedeckt wurden, sind – traditionell gesprochen – Kommentare zum Text und Teil der biblischen Hermeneutik.

In diesen zwei Definitionen kommt jedoch nicht die vollständige Bedeutung von Tradition zum Ausdruck. Es gibt eine dritte, in der Tradition die Gesamtheit des Lebens bedeutet, die von einer Generation zur anderen überliefert wird. Der Übergang von den ersten beiden Bedeutungen zur dritten ist in Bezug auf das Judentum insbesondere deshalb aufschlussreich, weil der überlieferte Text als literarisches Dokument nicht nur eine theoretische Bedeutung hat, sondern die Materie des religiösen und sozialen Lebens der Gesellschaft selbst konstituiert: Der Text ist ein essenzieller Faktor für die historische Kontinuität der Gemeinschaft. Mit anderen Worten: Die Bibel beinhaltet Pflichten für den Einzelnen und die Gemeinschaft, und in dem Maße, in dem diese Pflichten einen historischen Stellenwert bekommen, entsteht eine notwendige Verbindung zwischen Text, Kommentar und der historischen Beschaffenheit der Gemeinschaft und ihrer Geschichte. Obwohl sich alle drei Definitionen im Laufe der Geschichte des jüdischen Volkes manifestieren, ist ihre Relation nicht nur historisch, sondern auch systematisch.[12] Das Judentum hat daher keine Geschichtsschreibung im klassischen Sinn vorgenommen; die entscheidenden Geschichtsvorstellungen der Bibel wurden von Priestern und Propheten, nicht von Historikern geschrieben. Den Kern der biblischen Geschichte bildet im Grunde die Aufzählung der Taten Gottes, die aber in den Berichten und Erzählungen von menschlichen Handlungen und den Taten Israels und anderer Völker gefasst sind. Sicherlich gründete die Geschichtsschreibung im alten Israel in der Überzeugung, dass die Geschichte Theophanie und die Deutung allen Geschehens in dieser Überzeugung zu suchen ist. Das Resultat war aber keine Theologie, sondern eine Geschichtsschreibung, wie es sie vorher noch nicht gegeben hatte.[13] Von Anfang an war es aus jüdischer Sicht also notwendig, die aktuelle Erfahrung der Gemeinschaft und des Einzelnen in Bezug zum Text als Erzählung über die göttliche Offenbarung in der Geschichte zum Ausdruck zu bringen.

Offenbarung ist aus jüdischer Sicht somit nicht nur eine Grundlage für Geschichtsbewusstsein, sondern das Geschichtsbewusstsein selbst, da Gott sich in der Geschichte, als Ursprung der Geschichte überhaupt, offenbart.

Diese Problematik hat das jüdische Denken im Abendland nach der Aufklärung grundsätzlich geprägt, und sie zeigt die Anlehnung an den Historismus des 19. Jahrhunderts als Grundlage der Aufklärung – und seine Ablehnung. Jürgen Habermas hat die Problematik aus Sicht der abendländischen Hermeneutik aufgezeigt:

Im 19. Jahrhundert hatten sich die Geisteswissenschaften entwickelt. Ein zweideutiges Produkt der Aufklärung, bildeten sie die modernen Schleusen, durch die die Ströme der Tradition gebrochen wurden. Die Struktur der Überlieferung war hermeneutisch zu Bewusstsein gebracht. Tradition und Lehre waren als dogmatische Form des Denkens durchschaut worden. Andererseits lag es im Interesse der Geistes-

wissenschaften, dass sich jene Traditionen, die sie wie immer reflexiv doch fortsetzten, nicht in pure Meinungen auflösten. So bewegt sie sich in jener merkwürdigen Ambivalenz zwischen der Erhellung von Dokumenten, aus denen wir noch Lebenswichtiges lernen können, und der Entzauberung ihres dogmatischen Geltungsanspruches. Diese Ambivalenz beunruhigt eine an ihren Gegenständen Anteil nehmende Philologie bis auf den heutigen Tag. Von Schleiermacher bis Gadamer versucht die philosophische Hermeneutik damit fertig zu werden, indem sie das, was die geisteswissenschaftliche Methode zugleich ermöglicht und vernichtet, nämlich die Aneignung von Tradition, zusammenhalten möchte.[14]

Habermas zeigt, wie Scholem in seiner Kabbala-Forschung diese inhärente Problematik mit einem neuen Traditionsbegriff löst, nämlich dadurch, dass für die Kabbalisten die Offenbarung vielmehr den Prozess der Überlieferung meint. Durch den Streit der jüdischen Schriftgelehrten um die Auslegung der Schrift, der ein Streit um des Himmels Willen ist, hallt die Stimme Gottes durch die Generationen: »Diese und diese« – die Worte Hillels und die Worte Schammais als Vertreter der Verschiedenheit der Meinungen – »sind die Worte des lebendigen Gottes.« Erst im Zustand der Erlösung wird dies offenbar werden, wenn der Baum der Erkenntnis von Gut und Böse mit dem Baum des Lebens (Symbol für die Tora in ihrer Ganzheit, die schriftliche wie auch die mündliche Lehre) vereinigt sind. Aus dieser Perspektive, so Habermas, ist es möglich, die »Fehlbarkeit des Erkenntnis*prozesses* mit der Aussicht auf die Unbedingtheit der Erkenntnis selbst zu versöhnen«.[15]

Einer der bedeutendsten jüdischen Religionsphilosophen der Moderne, der Neukantianer Hermann Cohen, hat in diesem Zusammenhang die Beziehung zwischen Kanon und Kultur zur Grundlage seiner Philosophie gemacht.

Es darf überhaupt kein Moment im Leben und keine Hantierung des Lebens als profan gedacht werden. Alles im Menschlichen ist heilig; jede menschliche Handlung steht im Dienste, also unter dem Ideale der Heiligkeit. Die Heiligkeit ist ja vom Opfer auf die Sittlichkeit hinübergepflanzt worden.[16]

Hermann Cohen betont daher die Verbindung zwischen *Leben und Lehre* an vielen Stellen. »Es besteht im Judentum ursprünglich und an sich kein Unterschied zwischen Leben und Lehre.«[17] Eines der wichtigsten Beispiele ist die Mischna, die am Anfang des Morgengebets gesagt wird:

Folgendes sind die Dinge, denen kein Maß gesetzt ist: der Eckwinkel, die Erstlingsgabe, die Erscheinung (an den drei Festen), die Liebestätigkeit und das Studium der Tora.[18]

Dies sind die allgemeinsten Vorschriften sittlicher und gesellschaftlicher Art, die zwischen Mensch und Mensch die Grundlage des Zusammenlebens bilden und die nie durch eine feste Norm maßgeblich bestimmt werden können, da sie Ausdruck des freien Willens des Menschen sind und bleiben müssen. Sie stehen unter dem Zeichen der Liebestätigkeit *(Gemilut Chassadim)*, die eine Vergeltung der Liebestaten *(Chessed)* Gottes sind, also eine *imitatio dei*[19], ausgedrückt in der Handlung am anderen Menschen. Das Studium der Tora dient dazu, als rein geistige Tugend den Menschen ganzheitlich zu machen. Die Lehre soll Gotteserkenntnis sein, und die Handlungen des Menschen sollen in Übereinstimmung mit seiner Lehre sein: Theorie und Praxis dürfen nie getrennt bleiben, Lernen und Beten sind beide untrennbare Formen des religiösen Lebens, welche die Grundlage der jüdischen Hermeneutik bilden. Dieses Gebet fährt wie folgt fort:

Diese sind die Dinge, deren Früchte der Mensch in seinem Leben genießt; das Hauptgut aber bleibt bestehen für das zukünftige Leben. Diese sind es: Verehrung für Mutter und Vater, Liebestätigkeit, das Frühaufstehen zum Lehrhaus morgens und abends, die Aufnahme der Wanderer, die Krankenpflege, die Aussteuer einer Braut, die Totenbestattung, die Andacht im Gebete, das Friedensstiften unter den Menschen, aber das Studium der Lehre übertrifft sie alle.[20]

Es ist hier wichtig zu beobachten, dass ein Unterschied gemacht wird zwischen »Früchte« und »Hauptgut«. Die Rede ist nicht von »Lohn«. (Eine bekannte Aussage der Rabbinen lautet: »Der Lohn einer *Mitzva* ist die *Mitzva*.«) In diesem Leben gibt es die Früchte, aber in jenem Leben das Hauptgut, von dem keine Früchte gewonnen werden können. So gewinnt auch dieses Leben eine »ewige« Dimension als die »unendliche Entwicklung der Menschenseele«. Dieses Motiv erhält eine besondere Bedeutung für das Gebet, die auf eine persönliche Innerlichkeit hinweist und im Grunde eine Erklärung liefert einerseits für das Prinzip der Maßlosigkeit der Handlung (»dies sind die Dinge, die kein Maß haben«) und andererseits für die Abkopplung des Prinzips des »Lohns« von der Handlung durch die Aussage über »Früchte« und »Hauptgut«. Es handelt sich hier um die Innerlichkeit als Gesinnung – *Kawwana* (wörtlich »Richtung«), Cohen übersetzt »Zurichtung« und »Zurüstung«:

> *Dieses Wort für Andacht allein würde schon hinlänglich die Gesinnung als Grundfaktor des jüdischen Gottesdienstes und aller religiösen Tätigkeit erweisen.*[21]

Es ist also die innerliche Haltung im Gebet intendiert, die im Mittelpunkt der Aufmerksamkeit steht. Nun folgt aber ein überraschender Schlusssatz: »[…] das Studium der Lehre übertrifft sie alle«. Das Lernen der Tora übertreffe alle Tätigkeiten. Hiermit ist nicht der Intellektualismus gemeint oder gar die Askese oder die mystische Vertiefung, sondern das

> *Fundament der Religion, welches keine Scheidung zwischen Theorie und Praxis zulässt, daher auch in der Theorie die Wurzel für alle Erziehung und Entwicklung des Menschen zu behaupten vermag. Keine richtige Handlung, die nicht aus der richtigen Erkenntnis erwüchse; und keine richtige Erkenntnis, die nicht die richtige Handlung aus sich hervortriebe.*[22]

Wir begegnen hier der Grundlage der jüdischen Hermeneutik bei Hermann Cohen, wie wir sie im ersten Teil unserer Ausführungen über die rabbinische Lehre dargestellt haben. Sie erinnert an die Unterscheidung im Deuteronomium zwischen

Satzungen *(Chukim)* und Rechten *(Mischpatim)*. Obwohl es bei den Rabbinen keine Trennung gegeben hat zwischen rein sittlichen und im strengeren Sinne religiösen Gesetzen, besteht doch eine Unterscheidung zwischen beiden Kategorien.

In der jüdischen Religionsphilosophie des Mittelalters wird diese Frage zu einem der Hauptdiskussionspunkte im Dialog mit dem Islam über Offenbarung und Tradition im Bereich der *Ta'ame hamitzvot*, der vernünftigen Begründung der Gesetze. Wir können hier nicht weiter auf diese Thematik eingehen. Es sei nur erwähnt, dass die Religionsphilosophie von Bachja ben Josef Ibn Pakuda (circa 1050–1120) in seinem Hauptwerk »Hovot Halevavot – Herzenspflichten« die Bedeutung der Gesinnung des Herzens zur richtigen Ausführung der religiösen Handlungen ins Zentrum rückt als Beweis der Einheit von Körper und Seele und der Einheit Gottes.[23] Hermann Cohen löst dieses Problem innerhalb seines Systems: dass nämlich die Gesetze ihre Grundlage nur im einzigen Gott haben, dieser aber identisch ist mit der Sittlichkeit. Da wir jedoch von seinem Wesen nur die Erkenntnis der Attribute der Handlungen haben, bleibt uns nur ein Urbild der Sittlichkeit als Grund des Gesetzes. Die Erkenntnis Gottes und die Erkenntnis der Sittlichkeit fallen hier also zusammen. Gott und die Sittlichkeit sind absolute Zwecke, die ihren eigenen Wert in sich haben. Hiermit ist die Korrelation mit den Menschen mit eingeschlossen und befestigt: Es gibt keinen Gegensatz zwischen Ziel und Zweck. Der Zweck ist das Ziel, und das Ziel ist der Zweck. Gott ist der Gott der Heiligkeit und der Sittlichkeit. So ist der Spruch von Saadja Gaon wahr geworden: »Unser Volk ist nur ein Volk durch seine Lehren«.[24]

Dies ist auch die Basis für Hermann Cohens Argumentation für den Eigenwert des jüdischen Monotheismus als Religion der Vernunft aus den Quellen des Judentums innerhalb der allgemeinen Kultur, den er *wissenschaftlich* begründet:

Denn wenn mehrere Religionen je ihren Anteil an der Vernunft haben, so darf keine derselben unterdrückt werden. Der Gedanke, eine Religion durch die andere ersetzen zu wollen, ist ebenso ein geschichtlicher Ungedanke, wie er der Geschichtsphilosophie widerspricht, welche den Gedanken der Absolutheit abzuwehren und in der Mannigfaltigkeit der Kulturerscheinungen den Anteil der Vernunft an ihnen zu erforschen hat.[25]

Um kulturelle Erscheinungen innerhalb der Gesellschaft zu verstehen, muss man ihre Quellen nicht nur historisch, sondern auch geschichtsphilosophisch, also in ihrem jeweiligen kulturellen Kontext und Sinn erforschen. Der ethnische und anthropologische Anteil der Kultur, der noch im modernen Begriff der Nation erhalten war, wurde in der Idealisierung des Staates als äußeres Gebilde aufgehoben und dadurch seiner Inhalte entleert. Mit scharfem Auge weist Cohen auf die Problematik dieser Situation im Bereich der Geisteswissenschaften hin:

Wenn religiöse Befangenheit zu einer wissenschaftlichen, zu einer methodischen wird und die Absolutheit des Christentums behauptet wird, so ist der Streit nicht auf dem Gebiete der wissenschaftlichen Methodik auszutragen, sondern schließlich an dem Streitproblem selbst. Wer den Monotheismus nur in der christlichen Form anerkennt, der begreift nicht die Reinheit des jüdischen Monotheismus. »Er ist einzig, und kein Zweiter ist ihm zu vergleichen und ihm zu vergesellschaften«, so heißt es in einem synagogalen Gedichte von Gott.[26]

Dies bedeutet aber, dass sein Name auch einzig ist. Der Name muss den Begriff zum Ausdruck bringen. »Es darf nicht vielerlei Namen, weil nicht vielerlei Begriffe von Gott geben.«[27] Die historische Geisteswissenschaft ist hier besonders angesprochen, insbesondere im Bereich der Kulturwissenschaften, auf welche die tief gehende Kulturkritik Hermann Cohens gegen den vom Christentum geprägten Historismus des 19. Jahrhunderts, die hier ausgesprochen wird, zielt, auf die wir hier aber nicht weiter eingehen können.[28] Sie hat ihre unauslöschlichen Spuren in der Entwicklung der Wissenschaft des Judentums hinterlassen und führt bis zum heutigen Tag zu heftigen Diskussionen über die Bestimmung und den Inhalt dieses Faches im akademischen und kulturellen Kontext.[29] Gegen die Argumente derjenigen, die eine Gefahr in der Isolierung des Judentums innerhalb der Kulturwelt sahen, plädiert Cohen für eine Isolierung nicht unter dem Gesichtspunkt des Gesetzes, sondern des reinen Monotheismus. »Mit dem Monotheismus steht die Kulturwelt selbst auf dem Spiele.«[30] Die allgemeine Kultur hat ja keinen festen Mittelpunkt:

> *[...] nur der einzige Gott des jüdischen Monotheismus kann diesen festen Mittelpunkt bilden, der der Kultur ein stabiles Gleichgewicht für die Vielheit ihrer Interessen zu bieten vermag. Für das Judentum ist daher, wie begrifflich, so in der Kulturarbeit, eine Isolierung unumgänglich.*[31]

Es geht hier aber nicht um eine Abtrennung, sondern um die Aufnahme und Idealisierung aller Bereiche des menschlichen Tuns mit dem Göttlichen. Die Einbettung der Selbständigkeit und Souveränität des sittlichen Urteils in die Gottesverehrung als Maßstab für alle Richtungen und Bestrebungen der allgemeinen Kultur ist die Garantie dafür, dass Erkenntnis und Handlung *in der Tat* eins sind. Dies ist für Cohen eine Anfrage an die Wissenschaft, nicht nur an die Religion als Grund der Kultur.

Am Ende des Kapitels über die Gesetze stellt Hermann Cohen nun eine kardinale Frage: Gibt es ein Gesetz, in dem die Verbindung zwischen rein moralischen und gottesdienstlichen Vorschriften, zwischen Religion und Sittlichkeit also, enthalten ist?

> *Denn das ist der Sinn des Gesetzes: die Verbindung zu stiften und aufrecht zu erhalten zwischen der Erkenntnis und der Handlung, und daher auch zwischen der Erkenntnis als Religion und der Handlung als der sittlichen Tat.*[32]

Es geht Hermann Cohen um eine Vorschrift, in der die Indifferenz zwischen Theorie und Praxis vorhanden und gültig ist für die Gottesverehrung und für die Sittlichkeit, die Verbindung zwischen der Religion und der reinen selbständigen Sittlichkeit, »sofern diese nach unserer Voraussetzung mit dem Vernunftanteil der Religion verbunden ist«.[33] Hermann Cohen findet diese Voraussetzung in einem Gebot, nämlich im Gebet. Es ist bemerkenswert, dass das Gebet nicht sofort im Bereich der Frömmigkeit behandelt wird,[34] sondern als Schlüsselbegriff der Verbindung zwischen Vernunft und Religion.

Diejenige Form des Gesetzes, welche die am Schlusse des vorigen Abschnitts geforderte Doppelverbindung herstellt, nämlich die zwischen religiöser Erkenntnis und religiöser Handlung, und zugleich zwischen Religion und Sittlichkeit überhaupt, ist das Gebet.[35]

Im System der Vernunft aus den Quellen des Judentums nimmt also das Gebet einen besonderen Stellenwert ein. Es bezeichnet eine Absage an ein weit verbreitetes Aufklärungsmodell des Judentums seiner Zeit, das eine Trennung machen wollte zwischen Religion der Vernunft im allgemeinen sittlichen Bereich und Offenbarung als Gesetz für den mosaischen Glauben: Hermann Cohen will im jüdischen Monotheismus *am Gesetz* und im spezifischen Sinn *am Gebet* zeigen, dass diese Trennung nicht aufgeht. Er sieht also das jüdische Gebet als Angelpunkt für die Verbindung zwischen Religion und Sittlichkeit, die in der (christlichen) Kultur verloren gegangen ist und die nun auch emanzipierten Juden größtenteils fehlt.

Das Gesetz, würde es selbst nur festgehalten in den Festen, und für manche und viele selbst nur im Versöhnungstage, ist eine Schutzmauer gegen eine Nivellierung des reinen Monotheismus und seiner Lehre von der Versöhnung des Menschen mit Gott, als der Erlösung des Menschen durch Gott. Ebenso ist die prinzipielle Erhaltung des Sabbat für die Gemeinde ein Wahrzeichen der sozial-ethischen Grundlehre des Judentums und ein Protest gegen die Verwandlung des Sabbat in den Erinnerungstag an die Auferstehung Christi. Diese Verwandlung der Bedeutung des Sabbat ist ein wichtigeres Moment als die Verlegung des einen Tages auf einen anderen.[36]

Die Verlagerung des Sabbat und des Versöhnungstages[37] vom sittlichen in den religiösen Bereich, die das Christentum und somit die allgemeine Kulturwelt vollzogen hat, wird hier kritisiert. Es handelt sich also weniger um die theoretische Frage im gesellschaftlichen Bereich durch die Erhaltung der Religion, sondern um die gegenseitige Bürgschaft in der geschichtlichen Kontinuität eines gemeinsamen Ethos, die der innere Kern und die treibende Kraft innerhalb jeder Tradition und jeder Kultur ist: Die Handlungen der Väter sind ein Zeichen für die Söhne.[38]

Die Voraussetzung, dass das Gebet das eigentümliche Gebilde des Monotheismus ist, erweist sich jedoch als das gemeinsame geistige Erbe der drei monotheistischen Religionen im Abendland, in dem Spiritualität zur Tat wird.

Anmerkungen

1 Vgl. »Einen Inhalt der Sprache gibt es nicht; als Mitteilung teilt die Sprache ein geistiges Wesen, d. i. eine Mitteilbarkeit schlechthin mit«, in: Walter Benjamin, »Über die Sprache überhaupt und über die Sprache des Menschen«, in: Gesammelte Schriften, unter Mitwirkung von Theodor W. Adorno und Gershom Scholem, hrsg. v. Rolf Tiedemann und Hermann Schweppenhäuser, Bd. II.1, Frankfurt/M. 1977ff., S. 145f.

2 Vgl. »Ich werde sein, der ich sein werde« (Exodus 3,14) als Antwort Gottes auf die Bitte Moses, ihm seinen Namen mitzuteilen, der in Vers 12 als »Ich werde *bei dir* sein« angekündigt wird; das Zeichen, dass Mose von Gott geschickt ist, wird jedoch davon abhängig gemacht, dass das Volk Gott »auf diesem Berg« dient. Die Beziehung, die im Gottesnamen ausgedrückt ist, muss vom Menschen, vom Angeredeten, erwidert werden: Gott muss als Vokativ genannt werden, um für den Menschen zu sein.

3 Sifre zu Num. 15,31 im Namen von Rabbi Ischmael.

4 Midrasch Asseret ha-Dibbrot 1.

5 Exodus Rabba 28,6.

6 Es gab aus rabbinischer Sicht eine Zurückhaltung, die Lehre aufzuschreiben; die ausgesprochene Mündlichkeit der talmudischen Gelehrtheit, voll von Bibelzitaten, ist lebendiger Ausdruck dessen, wie lebendig das Wort Gottes in ihrem Mund war.

7 Vgl. das hebräische Wort *pi*, das sowohl »mein Mund« als auch »Mund von« (Gott) bedeutet.

8 Genesis Rabba 1,14; siehe auch Sifre Devarim Pesikta 336 und 385ff. Dort wird erklärt, dass der, der die Tora mit Auslegungen füllt, einen Lohn in dieser Welt erhält und auch ein ewiges Kapital für die kommende Welt. Dies gilt auch für die *Gemilut Chassadim*, das Tun von Wohltaten (Babylonischer Talmud, Schabbat 127a, 127b).

9 Abraham Joshua Heschel, Gott sucht den Menschen (1995, dt. 1980), in: Schalom Ben-Chorin und Verena Lenzen (Hg.), Jüdische Theologie im 20. Jahrhundert, München/Zürich 1988, S. 373.

10 Jaakob Jitzschak von Pzysha (»der Jehudi«), zit. nach Martin Buber: Der große Maggid und seine Nachfolge, Berlin 1937, S. 258.

11 Vgl. Amos Funkenstein, Jüdische Geschichte und ihre Deutungen, Frankfurt M. 1995, S. 9.

12 Vgl. Nathan Rotenstreich, Tradition and Reality. The Impact of History on Modern Jewish Thought, New York 1972, S. 7ff.

13 Vgl. Yosef Hayim Yerushalmi, Zachor, Erinnere Dich! Jüdische Geschichte und Jüdisches Gedächtnis, Berlin 1988, S. 25ff.

14 Jürgen Habermas, Die verkleidete Tora. Rede zum 80. Geburtstag von Gershom Scholem, in: Merkur 1 (1978), S. 96.

15 Ebd.

16 Hermann Cohen, Religion der Vernunft aus den Quellen des Judentums (1922), Nachdruck Darmstadt 1966, 1988, S. 404.

17 Hermann Cohen, Ethik und Religionsphilosophie in ihren Zusammenhängen, in: Schriften der Gesellschaft zur Förderung des Judentums, Berlin 1904, S. 8.

18 Hermann Cohen, Religion der Vernunft aus den Quellen des Judentums, a. a. O., S. 405.

19 »Als Heiliger ist Gott nicht sowohl Vorbild, das ja niemals erreicht werden kann, als vielmehr Urbild: mithin Idee, die für die Handlung die Bedeutung des Ideals hat.« (Hermann Cohen, Religion der Vernunft aus den Quellen des Judentums, a. a. O., S. 188.)

20 Ebd., S. 407.

21 Ebd., S. 408.

22 Ebd., S. 408.

23 Bachja ben Josef Ibn Pakuda, Hovot Halevavot – Herzenspflichten, dt. von M. E. Stern, Wien 1856; vgl. Eveline Goodman-Thau, Die Jüdische Religionsphilosophie des Mittelalters, in: Norbert Rehrmann/Andreas Koechert (Hg.), Spanien und die Sepharden, Tübingen 1999, S. 185f.

24 Hermann Cohen, Religion der Vernunft aus den Quellen des Judentums, a.a.O., S. 422.

25 Ebd., S. 423.

26 Ebd.

27 Ebd.

28 Vgl. Eveline Goodman-Thau, Vom Mythos zur Symbolik. Ernst Cassirers Kulturphilosophie der ästhetischen und ethischen Formen und ihr Verhältnis zu Hermann Cohens Religionsphilosophie, in: Hermann Deuser/Michael Moxter (Hg.), Rationalität der Religion und Kritik der Kulturwissenschaft: Hermann Cohen und Ernst Cassirer, Würzburg 2001, S. 119–124.

29 Vgl. Cohens Aufsatz zur Ethik und Religionsphilosophie von 1904 und sein Plädoyer für die Errichtung von Lehrstühlen in diesem Fach. Vgl. auch Nathan Rothenstreich, Tradition and Reality. The Impact of History on Modern Jewish Thought, New York 1972.

30 Hermann Cohen, Religion der Vernunft aus den Quellen des Judentums, a. a. O., S. 426.

31 Ebd.

32 Ebd., S. 430.

33 Ebd.

34 Es steht in direkter Verbindung mit der Bedeutung des Judentums im allgemeinen Kulturbegriff: »Nicht die Isolierung ist der einzige Zweck des Gesetzes, sondern die Idealisierung alles irdischen Tuns mit dem Göttlichen. Der Gottesdienst beschränkt sich nicht auf die Synagoge: das Gesetz durchdringt das ganze Leben mit ihm.« (Hermann Cohen, Religion der Vernunft aus den Quellen des Judentums, a. a. O., S. 428).

35 Ebd., S. 431.

36 Ebd., S. 426.

37 Beide werden in der Bibel nur mit dem Namen »Sabbat« bezeichnet.

38 Vgl. das messianische Ideal am Ende des Buches Maleachi: »Siehe, ich will euch senden den Propheten Elia ehe der große und schreckliche Tag Gottes kommt. Der soll das Herz der Väter zurückbringen zu den Söhnen und das Herz der Söhne zu ihren Vätern …« (Maleachi 3,23–24).

Das philosophische Erbe

Partikularer Universalismus im Spannungsfeld von Historie und Humanität

Diesen Kosmos hier vor uns, derselbe für Alles und Alle, hat weder einer der Götter erschaffen, noch der Mensch. Er war schon immer, er ist, und er wird sein.
HERAKLIT

Ein jeder Mensch soll sagen: Für mich ist die Welt erschaffen.
BABYLONISCHER TALMUD

Partikularer Universalismus

Die Entstehung der westlichen Moderne aus Aufklärungs- und Zivilisationsprozessen ist einer der zentralen Diskussionspunkte im gegenwärtigen Dialog zwischen den Kulturen. Dabei erweist es sich als wünschenswert, sich zu vergegenwärtigen, wie dieser Prozess der Säkularisierung im Hinblick auf die Traditionen, die Europa geprägt haben – Judentum, Christentum, Islam und christlich-römische Antike –, verlief. Die Umbrüche, die Europa vor und nach Beginn des dritten christlichen Jahrtausends erlebt, sind unmittelbar mit der Frage verbunden, wodurch der Prozess der Säkularisierung auf diesem Kontinent charakterisiert wird, wobei sowohl die Spannung zwischen Orient und Okzident als auch der Streit zwischen den verschiedenen religiösen Weltdeutungen eine zentrale Rolle spielen.

Die Frage nach dem Zusammenhang von Religion, Philosophie, Wissenschaft und Kunst hat die Wahrnehmung und Interpretation von historischen Erfahrungen der Völker Europas bestimmt und zeigt erhebliche Unterschiede auf geografischer und kultureller Ebene. Die Spannung zwischen dem Drang nach Bewahrung von Tradition – durch Kanonisierung des geistigen Erbes – und der damit zusammenhängenden Institutionalisierung haben ihre unauslöschlichen Spuren im Prozess der Moderne hinterlassen, die im Riss, den die gegenwärtigen Umbrüche in Europa im Bereich der Gesellschaft bedeuten, ein Konfliktpotenzial aufzeigen bei dem Versuch, ein vereintes Europa zu schaffen.

Über eine lange Periode hinweg wurde weder in Europa selbst noch in den neuen unabhängigen Staaten das »europäische Modell« der Modernisierung und Entwicklung in Frage gestellt, eine Entscheidung schien nur zwischen einem kapitalistischen oder einem kommunistischen System möglich – der Januskopf der westlichen Moderne. Doch das Ende des Ost-West-Konflikts eröffnet nun den Blick auf Tendenzen, die auch für unser Selbstverständnis eine neue Herausforderung darstellen. Die Moderne entwickelt sich in verschiedenen Kulturvarianten, in Mischungen mit den unterschiedlichen kulturellen Traditionen. Im Hinblick auf die Globalisierung der Weltwirtschaft erscheint die europäische Moderne in einem veränderten Licht, da sie ihre Position angesichts einer kulturpluralistischen Weltgesellschaft definieren muss. In diesem Zusammenhang gewinnen die soziale Orientierung des modernen Menschen, die Grenzen des Zusammenhalts und die Wertekonflikte in der Gesellschaft einen besonderen Stellenwert. So lohnt es sich nun zu Beginn des 3. Jahrtausends, die Frage von Religion und Moderne philosophisch aufs Neue zu formulieren.

Die Vernichtung des europäischen Judentums, die Zerstörung seiner geistigen und lebendigen Tradition im Herzen Europas und die daraus resultierende Abwesenheit der Judenheit im Abendland erfordern es, den Weg der europäischen Geistesgeschichte zurückzuverfolgen und die Anfänge sowie die Entwicklungsgeschichte des jüdischen Erbes Europas zu untersuchen.

Von Beginn an war die Geschichte des jüdischen Monotheismus durch die Begegnung mit fremden Kulturen gekennzeichnet. In einem Prozess von Abgrenzung und Anpassung kristallisierte sich allmählich eine Identität heraus, die Exklusivität und Inklusivität ebenso wie Partikularismus und Universalismus erlaubt. Im Dialog mit sich und der Umwelt, im Individuellen wie Gesellschaftlichen, entstand im Laufe der Jahrhunderte ein Denken, das eine gegenseitige Rezeptionsgeschichte zwischen dem Judentum und den verschiedenen Kulturen, mit denen es in Berührung kam, aufzeigt. In dem Maße, in dem die jüdische Tradition von fremdem Geistesgut inspiriert wurde, floss auch jüdisches Gedankengut in allen Epochen bis zur Gegenwart in das Abendland ein, wobei die spezifisch jüdischen Züge nie verloren gingen. In dieser Hinsicht stellt das Judentum ein Phänomen in der europäischen Geistesgeschichte dar: Trotz der vielen Brüche und Verschmelzungen ist ein Kontinuum zu beobachten, das stets eine Vermittlerrolle zwischen den Kulturen einnahm.

Die veränderte Ordnung Europas erfordert nach der gescheiterten Emanzipation eine Neubesinnung hinsichtlich des Ortes einer akademischen Ausrichtung, die sich mit dem Judentum als Religion, Kultur und Geschichte auseinander setzt. In fast allen geisteswissenschaftlichen Disziplinen wie Philosophie, Geschichts-, Literatur-, Religions- und Kulturwissenschaften wächst das Interesse an der Einbettung des Judentums im Abendland.

Die jüdische Tradition, die am Ende des 20. Jahrhunderts in der Shoa Europas fast völlig ausgelöscht worden ist, gilt es jetzt, in ihrer dennoch nicht gänzlich verschwundenen geistigen Präsenz zu bewahren und weiter zu entfalten. Im deutschsprachigen Raum gewinnt diese Aufgabe eine besondere Brisanz, wie es in Jorge Sempruns Rede bei der Entgegennahme des Weimar-Preises, gehalten am 3. Oktober 1995, am Tag der deutschen Einheit, in Weimar anklingt:

Heute jedenfalls, da Ihr Land vor allem seine Befähigung zur europäischen Vision verstärken muss, ist der Verlust der jüdisch-deutschen Intelligenz mehr als beklagenswert. Die Stimme des alten Edmund Husserl – bereits von der deutschen Universität vertrieben, bereits von Martin Heidegger aus seiner Widmung von »Sein und Zeit« gestrichen –, ja Husserls Stimme weist bereits, als er 1935 in Wien und Prag über die Zukunft Europas spricht, auf das Schweigen von heute hin, betont das, was uns fehlt; das, was Europa und Deutschland vermissen mögen mit der Vernichtung und Vertreibung des deutsch-jüdischen Geistes.[1]

Aus dieser Sicht ist es wichtig, die Frage nach der Verbindung zwischen *Partikularismus* und *Universalismus* neu zu stellen, wobei beide Begriffe sowohl Programm als auch Paradigma sind, um der Einbettung des jüdischen Denkens im Abendland nachzugehen.

Es scheint paradox: Je mehr die Entwurzelung des Judentums im weitesten Sinn spürbar wird, desto mehr drängt sich die Herausforderung auf, der jüdischen Tradition im Abendland nachzuspüren. So ist beispielsweise die Kabbala, die seit dem Mittelalter untergründig fortwirkende Mystik, durch die Arbeiten von Gershom Scholem für viele Bereiche europäischer Geistesgeschichte zu einem zentralen Gegenstand wissenschaftlicher Forschungen geworden. Der Philosoph Julius Guttmann meinte:

Das jüdische Volk ist nicht aus eigener Kraft zu philosophischem Denken gelangt. Es hat die Philosophie von außen her empfangen und die Geschichte der jüdischen Philosophie ist eine Geschichte von Rezeptionen fremden Gedankenguts, das dann freilich unter eigenen und neuen Gesichtspunkten verarbeitet wird. Die erste dieser Rezeptionen fand im hellenistischen Zeitalter statt [...] Nachdem sie, ohne im Judentum bleibende Spuren zu hinterlassen, schnell erloschen war, drang im Mittelalter die Philosophie zum zweiten Male in das jüdische Geistesleben ein [...] Trotzdem sich die jüdische Philosophie diesmal ungleich lebenskräftiger erweist [...], bleibt sie bis zu ihrem Ausgange im Zusammenhange mit den außerjüdischen Quellen, aus de-

nen sie entsprungen ist. In gleicher Weise steht die nach dem Eintritt des Judentums in die moderne europäische Kulturwelt entstandene moderne jüdische Philosophie unter dem Einfluss der gleichzeitigen philosophischen Entwicklung der Völker.[2]

So sehr diese Aussage von Julius Guttmann zutrifft, besonders wenn man den nachkantianischen Idealismus bis hin zu Hermann Cohen betrachtet, so übergeht er nicht nur seine grundlegende Kulturkritik, sondern auch das Einfließen jüdischen Gedankenguts in die philosophische Tradition des Abendlandes, denke man an Jakob Boehme, Friedrich Christoph Oetinger, Franz von Baader, Franz-Joseph Molitor und Friedrich W. Schelling. Noch weniger wird Guttmanns Charakteristik dem »Neuen Denken« von Franz Rosenzweig, Martin Buber und Emmanuel Lévinas gerecht. Sie brechen mit der überkommenen philosophischen Tradition und bekennen sich offen zum jüdischen Geist. Das Interesse, das heute in der allgemeinen philosophischen Debatte an Rosenzweigs »Neuem Denken« und Emmanuel Lévinas' »Philosophie des Anderen« aufscheint, zeigt den Einbruch des jüdischen Erbes in die Moderne.

Wie wir gezeigt haben[3], geht es im jüdischen Geschichtsbewusstsein um eine Spannung zwischen Mythos und Macht. In der jüdischen Tradition stehen Zeit und Ewigkeit als Einheit über dem »Buch des Lebens« geschrieben. So wie das Leben des Einzelnen eingebunden ist in die Gemeinschaft, so ist die Zeit eingebunden in die Ewigkeit. Es gibt keine in sich abgeschlossene Zeit, sondern nur Augenblicke, die sich öffnen für die Ewigkeit. Wobei es nicht so ist, dass die je endlich erscheinende Zeit nur an die Ewigkeit rückgebunden bleibt, sondern ebenso sehr erstrahlt aus der Ewigkeit ein Licht, das in die Zeit einbricht. Diesem Zeitbruch vermag sich der Mensch auf dreifache Weise zu stellen: Während der *Mythos* alles aufbietet, um dem Menschen in diesem Zerreißen der Zeit erdichtend und erzählend einen Sinn zu geben, und um das Leben in seinem kontinuierlichen Lauf zu halten und zu bewahren, nutzt die *Macht* diesen Bruch in der Zeit als verfügbaren Raum zum Aufbau von Strukturen in der materiellen Welt, die den Menschen zu beherrschen versuchen. Dagegen stellt der *Messianismus* den Menschen bewusst in den Riss der Zeit hinein, damit er seine Position zwischen Himmel und Erde als Spannung empfinde, in der Zeit und Ewigkeit zu seiner Freiheit werden können. So ist der Mensch im Moment der messianischen Öffnung Geschöpf und Schöpfer zugleich – der Welt und seiner selbst.

Der messianische Prozess spielt sich jedoch im Jüdischen – im Gegensatz zum Christentum – nicht im Inneren des Menschen, sondern auf dem Schauplatz der Geschichte ab, wo *Messianismus*, *Mythos* und *Macht* einander begegnen. Das jüdische Denken hat sich mit der Idee des Messianischen vom mythischen Denken befreit, ohne der Versuchung nachzugehen, zu einer rein innerweltlichen Macht zu werden. Diese Spannung im Verlauf der Geschichte ausgehalten und weitergetragen zu haben, ist beides: Urquell seiner Geisteskraft und freiwillig auf sich genommenes Schicksal seines Erwähltseins. Margarete Susman hat es 1935 so formuliert: »Die Bestimmung Israels als Volk ist nicht Selbstverwirklichung, sondern Selbstaufgabe um eines höheren, übergeschichtlichen Zieles willen.« Die Begegnung zwischen jüdischem Denken und europäischer Geistesgeschichte steht im Zeichen der noch unerfüllten Zeit der gegenseitigen Wahrnehmung und Würdigung.

Dies knüpft in vielerlei Hinsicht an Einsichten an, die im Neukantianismus aufkamen, aber bereits mit dem Ersten Weltkrieg zwischen den Zwängen eines militanten Nationalismus einerseits und einer kulturelle und religiöse Differenzen substituierenden Lebensphilosophie andererseits versandeten. Zwar entstand die Lebensphilosophie als Ausläufer der neukantianischen Kulturphilosophie, im Begriff »Leben« wurde jedoch genau das von dieser neuen Denkrichtung wieder eingeebnet, was eine an den jüdischen Religionsphilosophen Hermann Cohen anknüpfende Kulturphilosophie kritisch zu reflektieren versuchte: nämlich der selten bewusste, doch tief greifende Einfluss religiöser Traditionen, Gehalte und Denkformen auf Wissen und Institutionen des Nationalstaates und auf geisteswissenschaftliche und philosophische Wissenschaftskonzepte, die sich – nach dem Tod Gottes – längst von jeder Verbindung zur Religion frei glaubten.

Hermann Cohens Schriften zur Kulturphilosophie sind von seinem Lehrer H. Steinthal, dem Herausgeber der Schriften Wilhelm von Humboldts, beeinflusst und zeigen eindrucksvoll die Problematik von Judentum und Moderne in Bezug auf die christlich geprägte Trennung von Glauben und Wissen. In seinem kurzen Aufsatz »Der Jude in der christlichen Kultur« weist Hermann Cohen darauf hin, wie wenig laizistisch etwa der allgemeine Volksunterricht ist, und schließt daraus:

> *So scheint es nicht die Kirche, sondern die Kultur zu fordern, dass das Christentum angenommen werde, wie sehr dagegen immer die religiöse Gesinnung, die religiöse Wahrhaftigkeit, das natürliche menschliche Gefühl sich sträuben mag.*[4]

Diese Erfahrung, dass Kultur, Wissen und Bildung immer von ihren Quellen und religiösen Überlieferungen geprägt sind, hat die Begegnung von Judentum und Moderne grundsätzlich geprägt und sensibilisiert für die Differenzen in der – gerade auch – wissenschaftlichen Wahrnehmung von Kultur und Geschichte des Abendlandes bis hin zur Beschreibung dessen, was Moderne ist oder sein soll.

Nach fast einem Jahrhundert, in dem sich die Vernichtung des europäischen Judentums vollzogen hat, wächst allmählich das wissenschaftliche Bewusstsein für die konstitutive Bedeutung der Religionen für alle Zweige der Geisteswissenschaften. Die Beschäftigung mit dem Judentum nimmt hier eine Sonderstellung ein, nicht nur wegen der größtenteils unbewältigten Vergangenheit, sondern auch wegen der unreflektierten Aufklärungsversuche einerseits und den verschütteten wissenschaftlichen Traditionen andererseits, die durch den Einbruch der Shoa nicht wieder aufgenommen werden konnten.

In der Weiterführung des humboldtschen Bildungsideals ist die Beschäftigung mit dem Judentum im Abendland somit eine wissenschaftliche ebenso wie eine kulturelle Aufgabe: Es geht um das geistige Überleben einer Gesellschaft, in der das jüdische Bürgertum als mittragende Kraft von Werten nicht mehr existiert, und um die Ausbildung einer akademischen Elite, die dieser Aufgabe gewachsen ist.

Max Weber hat die kulturelle Moderne dadurch charakterisiert, dass die in religiösen und metaphysischen Weltbildern ausgedrückte Vernunft in drei Bereichen auseinander fällt, die von nun an durch formale Argumentation zusammengehalten werden. Die Grundfragen der Menschheit werden vom Gesichtspunkt der Wahrheit, der normativen Richtigkeit und der Authentizität oder Schönheit aus behandelt, das heißt als Erkenntnis-, als Gerechtigkeits- oder als Geschmacksfrage; in der Neuzeit entsteht eine Spaltung der menschlichen Wertsphären: Wissenschaft, Moral und Kunst. Jede Sphäre wird den jeweiligen Wissenschaftlern zugeordnet, und man überlässt ihnen die Fragestellungen. Kulturelle Überlieferungen geraten somit in die Hände von Spezialisten, die jeweils in ihrem eigenen Bereich einen abstrakten und absoluten Geltungsanspruch erheben und die dabei eine Eigengesetzlichkeit ihrer Einsichten bezüglich ihres Spezialgebietes entwickeln.

Im 18. Jahrhundert versuchten die Philosophen der Aufklärung, den Abstand zwischen Theorie und Praxis, der Expertenkultur und der Gesellschaft zu überbrücken. Die Wissenschaften sollten objektivierend wirken; Moral und Recht sollten eine universell gültige Grundlage des menschlichen Zusammenlebens bilden, und die Kunst sollte schöpferisch wirken. Aus den Potenzialen dieser Bereiche sollte letztlich ein gemeinsames Ethos für die ideale Gestaltung der menschlichen Lebensverhältnisse entstehen. Diese Hoffnung erfüllte sich leider nicht.

Der Historismus des 19. Jahrhunderts, die Zeit, in der die Wissenschaft des Judentums als akademische Disziplin ihren Eingang in das europäische Denken – wenn auch nicht in seine Institutionen – fand, bildete eine neue Herausforderung für die Frage der Tradition als Grundlage für ein Lebensethos in Bezug auf Judentum und Moderne. Sie eröffnet den Blick auf unser Selbstverständnis und die verschiedenen kulturellen Hintergründe und die daraus resultierenden Kulturvarianten, in denen die Fragen der Moderne gelöst werden. Einerseits wurde die dogmatische Struktur der christlichen Überlieferung hermeneutisch zu Bewusstsein gebracht, andererseits bestand die Gefahr, dass der Inhalt der Dokumente als Lebensbezug verloren zu gehen schien. Das Auseinanderklaffen von Philosophie und Philologie und die Einordnung der Ethik als Spezialfach erschweren die Lage der Wissenschaft des Judentums, in der *Religion als Kultur* von Anfang an ein wichtiges Thema ist, besonders auch im Hinblick auf die oben beschriebene Aufklärung *von der Religion*. Der zentrale Stellenwert der Ethik als Verantwortung für den Anderen und das Andere als erste Philosophie und als Beitrag aus der Urquelle des Judentums für das Abendland erweist sich als eine geistig gelungene Symbiose zwischen Judentum und Abendland im Bereich des europäischen Humanismus und dessen Ausprägungen auf den Gebieten der Wissenschaft, Philosophie und Kunst.

In der Neuzeit öffnete Moses Mendelssohn die Tore für eine Auseinandersetzung zwischen dem jüdischen und dem abendländischen Denken. Seine Schriften, aber noch mehr seine Persönlichkeit haben dazu beigetragen, das Judentum aus dem Kerker des Mittelalters zu befreien und den Juden den Weg zu zeigen, in einer aufgeklärten Welt einen Ort zu finden. Wie Julius Guttmann aufgezeigt hat, kam das Wirken Mendelssohns zu einem besonders geeigneten Zeitpunkt in der europäischen Geistesgeschichte nach der Aufklärung:

Es war eine besonders glückliche Fügung, dass das Judentum den Anschluss an die moderne Bildung gerade in einem Augenblick suchte, in dem sie von einer Richtung beherrscht war, die diesem Streben wie keine andere entgegenkam. Die Grundlehren der monotheistischen Religionen, der Glaube an einen weisen und gütigen Gott und an die Unsterblichkeit der Menschenseele, wurden hier als metaphysische Wahrheiten vertreten und als der wesentliche Inhalt des Vernunftglaubens angesehen. Als Mendelssohn zu philosophieren begann, erkannte die in Deutschland herrschende Form der Aufklärung auch den Offenbarungs- und Wunderglauben der positiven Religionen noch vollkommen an. Sie sah in der biblischen Offenbarung die göttliche Verkündung derselben Wahrheit, die auch den Grundbestand der rationalen Theologie bildet.[5]

Innerhalb der verschiedenen christlichen Gemeinschaften strebte die Neuzeit auf eine interkonfessionelle Lebensgemeinschaft, die sich auf einen von bestimmten kirchlichen Bindungen unabhängigen Kulturzusammenhang gründete. Die Rechtfertigung dafür lag in der Idee der Aufklärung, die es möglich machte, eine Gemeinschaft zu stiften, die über die Grenzen der jeweiligen sittlichen und religiösen Überzeugungen hinausreichte und die in der Vernunft ihre Wurzeln und ihre Grundlage hatte.

Es war die Aufgabe Mendelssohns, jetzt neben der allgemeinen Vernunftreligion der Offenbarung dem Judentum innerhalb der christlichen Welt einen besonderen Ort einzuräumen. Er tut dies in seinem berühmten Werk »Jerusalem«, in dem er zeigt, dass das Judentum nicht offenbarte Religion, sondern offenbartes Gesetz ist. Die allgemeinen Wahrheiten der Vernunft sind auch für die Juden vorausgesetzt, aber sie gelten nur als Vernunftwahrheiten. Das spezifisch Jüdische liegt nur in der Gesetzeserfüllung und dem sie fundierenden Offenbarungsglauben.[6] Die Offenbarung bestimmt also nach Mendelssohn nur das Handeln und lässt das Denken frei.

In dieser Hinsicht bricht Mendelssohn mit der jüdischen Religionsphilosophie des Mittelalters, in der die religiösen Grundwahrheiten nicht nur als Lehren der Offenbarung galten, sondern auch als Vernunftwahrheiten, die dazu dienten, philosophische und moralische Einsichten in Gotteserkenntnis zu vereinen. Es gab da keinen Unterschied zwischen Wissen und Glauben. Nach Mendelssohn kann das Judentum keine ausschließende Offenbarung ewiger Wahrheiten für sich beanspruchen. Am Berge Sinai wurde eine Geschichtswahrheit verkündet; Gebote und Verordnungen wurden dort gegeben, keine ewigen Religionswahrheiten. Es ist daher verständlich, dass Moses Mendelssohn von seinen Anhängern als dritter Moses dem biblischen und dem mittelalterlichen – Moses Maimonides – an die Seite gestellt wurde. Theoretisch sind

> *die beiden Welten, in denen Mendelssohn lebt, auseinander genommen. Mit seinem Glauben gehört er der universalen Vernunftreligion, in der Erfüllung des Religionsgesetzes der jüdischen Gemeinschaft an. [...] Zwischen beiden besteht für ihn keine Spannung.*

So gestaltet er eine Harmonie zwischen dem Vernunftglauben und dem jüdischen Ursprung, die sich in einer tiefen Frömmigkeit ausdrückt. Die Bibel ist für Mendelssohn

> *keine Offenbarung der Vernunftreligion, aber alle ihre Gesetze »beziehen oder gründen sich auf ewige Vernunftwahrheiten oder erinnern und erwecken zum Nachdenken über dieselben«. »Das Zeremonialgesetz selbst ist eine lebendige, Geist und Herz erweckende Art von Schrift, die bedeutungsvoll ist und ohne Unterlass zu Betrachtungen erweckt und zum mündlichen Unterricht Anlass und Gelegenheit gibt.« Jeder Gebrauch und jede Zeremonie hatte einen »gediegenen Sinn«, stand »mit der spekulativen Erkenntnis der Religion und der Sittenlehre in genauer Verbindung.« [...] Mendelssohn führt den Ursprung des Heidentums darauf zurück, dass man die Lehren der Vernunftreligion in bildlicher Symbolik darstellte und dann das Bild für die Wirklichkeit nahm. Das jüdische Volk sollte vor solcher Verwirrung bewahrt bleiben. Es erhielt in dem Zeremonialgesetz eine Darstellung der Wahrheit, die zu ihr hin, nicht von ihr fortführte. Die Bestimmung des Zeremonialgesetzes war es, die Lehren der Vernunftreligion in ihrer Klarheit zu erhalten [...].*[7]

Es ist interessant zu beobachten, wie in der Lehre Mendelssohns die Offenbarung nötig ist, um die Vernunft zu retten. Er hat zwar den Glauben an die universale Religion der Vernunft nicht verloren, sieht aber in der jüdischen Offenbarung die Sicherung dieser Vernunft im Ritualgesetz enthalten. Diese Tatsache ist wichtig, wenn wir auf die weitere Entwicklung der modernen jüdischen Religionsphilosophie zu sprechen kommen, wie sie durch Denker wie Hermann Cohen und Franz Rosenzweig entwickelt wurde. Die Position Mendelssohns ist also eine paradoxe; einerseits wird der religiöse Inhalt der Offenbarung in der Vernunft ganz aufgenommen, und andererseits gelingt es ihm nur dadurch, dass er den allgemeinen Vernunftbegriff zurücknimmt, der religiösen Bedeutung des Judentums als Offenbarung dieser Vernunft einen Platz einzuräumen. Sein System bricht in der Frage nach der Geschichtsdeutung zusammen. Die Freiheit des Denkens ist laut Mendelssohn nämlich nur möglich, wenn man jedem das Recht gibt, Gott anzurufen »nach seiner oder seiner Väter Weise«. Diese Vielfalt erlaubt aber kein eindeutiges Verständnis von Gottes Plan für die Welt. Aus der Verschiedenheit der geschichtlichen Religionen kann kein religiöser Sinn abgeleitet werden.

In diesem Paradox verliert die Philosophie Mendelssohns ihre jüdisch-messianischen Züge. Die geschichtliche Aufgabe des jüdischen Volkes, eingebunden in den Plan Gottes, die am Ende der Geschichte zur Erlösung führt, geht hier unter. In der Geschichte der aufgeklärten Geister in Europa nach der Aufklärung hat die Sehnsucht nach einem Erlöser keinen Ort mehr.

Historie und Humanität

Die Religionsphilosophie Mendelssohns, derzufolge das Judentum bloß eine Gesetzesoffenbarung sei, konnte sich nicht durchsetzen und wurde am Ende des 18. Jahrhunderts verdrängt durch die Kant'sche Philosophie, die in weiten Kreisen der jüdischen Denker Anhänger fand. Der wohl wichtigste Fürsprecher dieser Philosophie war der Hauptvertreter der Marburger Neo-Kantianischen Schule Hermann Cohen, der eine Erneuerung der Jüdischen Religionsphilosophie in Gang setzte. Bei ihm finden wir zum ersten Mal einen systematischen Versuch, das Judentum mit der Ethiko-Theologie Kants in Einklang zu bringen. Aus seinen Werken über die Ethik wächst allmählich der Begriff der Religion der Vernunft. Er erkennt das Judentum als solches in seiner historischen Entwicklung.

Für unser Thema ist vorrangig seine Beschäftigung mit der Verbindung von Ethik und Religion von Bedeutung, da diese der Hintergrund ist für das Verständnis der unterschiedlichen Rezeption von Cohens Philosophie bei Franz Rosenzweig, Martin Buber und Emmanuel Lévinas, wie wir im Weiteren sehen werden. »Der Begriff der Religion im System der Philosophie«, Hermann Cohens erstes Werk, das von der Religion handelt, erschien 1915. Es ist ein Ausdruck der Tatsache, dass Cohen in seinen früheren Schriften und insbesondere in seiner »Ethik des reinen Willens«, erschienen 1907, nie wirklich das Problem der Religion miteinbezogen hatte. Ein zusätzlicher Faktor war gewiss sein eigener Konflikt zwischen dem persönlichen religiösen Glauben und seinen philosophischen Ansichten. In seinem letzten Werk, »Religion der Vernunft aus den Quellen des Judentums«, das kurz vor seinem Tod erschien, löst er zuletzt doch die enge Verbindung zwischen Kant und Judentum wieder auf.

Im dritten Kapitel seines Werkes über den Begriff der Religion führt Cohen einen neuen Begriff von Gott ein, nämlich die Korrelation:

> *[...] nicht Gott allein und an sich, sondern immer nur in Korrelation zum Menschen, wie freilich daher auch gemäß der Korrelation: nicht der Mensch allein, sondern immer zugleich in Korrelation mit Gott.*[8]

Was ist aber nun der Inhalt dieser Korrelation? Wie kann der Mensch Gott und seine Intention erkennen? Cohen findet die

Antwort auf diese Frage in der Aussage des Propheten Micha: »Es ist dir gesagt worden, Mensch, was gut ist und was der Herr von dir erwartet.« (Micha 6,8) »Was das Gute sei, soll der Gott verkünden.«[9]

Das Gute als Ausdruck der praktischen Vernunft ist aber hier mehr als bei Kant. Es beinhaltet eine Transformation des Menschen in die Menschheit: die Vorwegnahme der Zukunft, eine messianische Menschheit. Es ist die Antwort auf die Frage, die Kant gestellt hatte: »Was darf ich hoffen?« Die Zuversicht auf die Zukunft der Menschheit ist eingebettet in der Lehre einer bestimmten religiösen Tradition. Cohen braucht diese religiöse Tradition und schenkt ihr seinen Glauben auch als Philosoph. Sein Streben ist jetzt darauf ausgerichtet, seine Ethik mit dieser Tradition in Übereinstimmung zu bringen.

Diese messianische Religion beinhaltet einen neuen Zeitbegriff: Die Vergangenheit und die Gegenwart werden der Zukunft zugeordnet, aber nur als Antizipation. Die Antizipation der Zukunft meint eine schon offenbarte Wahrheit und gibt der Vergangenheit und der Gegenwart eine transzendente Einheit, wie sie die Historizität nie stiften konnte.

> *[…] so wendet sich die Religion des Messianismus ab von der Vergangenheit und der Gegenwart; ein neuer Zeitbegriff wird von ihr für den Menschen in Korrelation zu Gott geschaffen: die Zukunft. Sie allein erfüllt die Zeit; sie allein macht die Zeit lebend, wahr und gehaltvoll.*[10]

Hier ist ein deutlicher Bruch mit seiner Ethik zu beobachten, in der die Gegenwart die dominante Zeitdimension war und jede Spekulation über die Zukunft kritisiert wurde. Cohen ist der Meinung, dass die Religion kein größeres Ziel haben kann als die Bereicherung der Ethik – eine alte, bekannte rabbinische Tradition sagt, dass die Gebote gegeben sind, um den Menschen zu läutern –, sieht dann aber ein, dass die Religion bestimmte Fragen aufwirft, die in der Ethik keinen Ort haben. Diese Einsicht gewinnt Cohen durch die Propheten Jeremia und Ezekiel, die den einzelnen Menschen vor Gott erkennen durch sein Bewusstsein der Sünde.

Ich habe die methodische Konsequenz nicht gescheut, dass die Religion in Ethik sich auflösen müsse. [...] Denn wie könnte die Religion mehr verherrlicht werden, als wenn ihre Auflösung in Ethik ihr eigenes Ziel genannt wird?[11]

Seine neue Position beschreibt er aber ein wenig später:

Und die Ethik hat von der Religion gelernt, dass die Propheten, besonders Jeremia und Ezekiel, an der Selbsterkenntnis der Sünde das Individuum erst zur Entdeckung brachten.[12]

Die Idee der Sünde des Individuums zwingt den Gott der Ethik zur Versöhnung und den Menschen zur Hoffnung und zur Versöhnung. Die Religiosität der Ethik muss sich in einer Religion unterordnen, die konkret über Sünden, Gebet und Hoffnung spricht. Cohen, der aus einer historischen Religion die messianische Zukunft errungen hatte, geht jetzt noch einen Schritt weiter: Er entdeckt den Menschen als Sünder und erlöst ihn und die Welt aus dem Kreislauf der Geschichte in eine messianische Zukunft.

Hier begegnet Cohen Gott als seinem eigenen Gott. Das Individuum kann nie in der Allgemeinheit aufgehen.

Die Allheit, als welche die Menschheit zu denken ist, verbürgt nicht die Individualität, als solche. Dazu bedarf ich Gottes, als meines Gottes. Mein eigener Gott ist der Gott der Religion.[13]

Der Gott, der mir gebietet, ist größer als das ethische Gesetz in mir, und diese Konfrontation in mir ist die religiös-ethische Korrelation zwischen Mensch und Gott. Versöhnung und Liebe sind es, die den Menschen vor der Abstraktion der Ethik retten. In dem Gott der Religion liegt die Sicherheit und die menschliche Einsicht, dass am Ende das Gute in der Welt siegen wird.

Für Cohen ist Frieden die Grundnorm der Versöhnlichkeit zwischen Mensch und Mensch. Die Versöhnung zwischen Mensch und Gott ist das Grundwesen der jüdischen Religion. Der Frieden mit den Mitmenschen führt im Endergebnis zur Versöhnung des Menschen mit sich selbst, dem Seelenfrieden. Ohne den Frieden mit seinen Mitmenschen und in seinem eigenen Inneren kann der Mensch auf keine Versöhnung mit Gott hoffen. Wir beobachten hier wieder, wie Cohen eine Brücke schlägt zwischen Ethik und Religion. Die Sittlichkeit fordert die Offenheit zur Existenz des anderen. Die menschliche Versöhnungshandlung ist aber nicht nur eine rein sittliche; sie bekommt eine zusätzliche Bedeutung als Versöhnungshandlung des Menschen mit sich selbst und mit Gott. Der Seelenfriede ist die Vorwegnahme des Messianischen in der Zeit.

Das Schlusskapitel der »Religion der Vernunft aus den Quellen des Judentums« ist dem Frieden gewidmet, durch den Gott und die Menschen und der Mensch mit dem Menschen und so mit sich selbst im »Zelt des Friedens«, das Gott über sie ausbreitet, für ewig in Frieden geborgen und vereinigt bleiben.

> *Das Zelt ist die Hütte, welche eine so tiefe symbolische Bedeutung erlangt hat, dass ihr ein Fest gewidmet worden ist. Das Hüttenfest ist das eigentliche Friedensfest in der Wüstenwanderung des irdischen Daseins. Der Friede macht das ganze Leben zu einem Fest. Der Friede bringt den Naturfrieden in die Menschenwelt, die Grundstimmung der Naivität in die Weltbetrachtung.*[14]

1919, ein Jahr nach dem Tod seines Lehrers Hermann Cohen, hält Franz Rosenzweig unter dem Titel »Geist und Epoche der jüdischen Geschichte« einen Vortrag vor der Gesellschaft »Humanität« in Kassel, in dem er die Verbindung zwischen Geist und Zeit thematisiert. Als Ausgangspunkt nimmt er die Tatsache, dass das Wort »Geist« seinen Ursprung nicht in Athen oder Rom hat, sondern im jüdischen Bereich, im Begriff »Geist Gottes, des heiligen Geistes, den Gott seinen Propheten gibt, des Geistes, den er in seinem Volke wohnen lässt«. »Aber offenbar meinen wir«, so Rosenzweig als Begründung, warum er in einem nicht-jüdischen Kontext über Geist und Epoche sprechen will, »wenn wir vom Geist einer Zeit, vom Geist eines Volkes sprechen, einen geistigen Zusammenhang, der über das seelische und leibliche Leben der einzelnen Menschen, ja selbst über ihre Lebenswelt hinausreicht und die einzelnen zu einer geistigen Gemeinschaft verbindet«.

Rosenzweig spricht hier über das geistige Band, das die Menschen in einer Gemeinschaft verbindet, in der viele Menschen an einen Gott glauben, dieser Glaube im Laufe der Geschichte aber immer wieder mit Inhalt, oft sehr verschiedener Art, gefüllt werden musste. Dieses Wort Geist ist durch die christliche Dogmatik aus seiner hebräischen Heimat in den Sprachschatz der Völker eingegangen und bleibt (leider) auf seine »geistliche« im Gegensatz zu seiner »weltlichen« Bedeutung eingeschränkt. In dieser Bedeutung wurde auch in der Renaissance und der Aufklärung dieses Wort aus seiner religiösen Heimat herausgerissen und im säkularen Bereich eingeführt. So ist der moderne Begriff des Geistes eng verbunden mit einem akuten geschichtlichen Bewusstsein, einem »Sein der Zeit«, und die Idee des »Zeitgeistes« ist in das moderne Vokabular eingegangen, das für das deutsche Judentum in der Moderne fast zu einem Leitwort wurde. Franz Rosenzweig fährt fort mit einigen Sätzen, die – obwohl 1919 ausgesprochen – heute noch wegweisend sind:

> *Der Geist der Geschichte schafft sich so seinen Leib in den Epochen der Geschichte. Es ist der Geist, der sich den Körper baut. An der Gliederung ihrer Epochen wird der Geist einer Geschichte sichtbar. Deutsche Geschichte wird sich einmal sehr anders ansehen, wenn wirklich Potsdam nur eine Epoche gewesen sein wollte; anders als es etwa Treitschke sah, für den es die Höhe war, auf der die Straßen aus allen Tälern der Vergangenheit sich einigten. Der Begriff eines »Mittelalters« konnte erst erfasst werden, als eine neue Zeit, über ein ganz »finsteres« Jahrhundert weg von dem klassischen Altertum, die Bruderhand hinstrecken zu können glaubte.*[15]

So steht es auch mit unserer *gemeinsamen* Geschichte, die, wie wir wissen, noch viel finsterere Zeiten erlebt hat als Potsdam damals. Aber gerade hier, an der Schwelle des dritten Jahrtausends, gewinnt die *Deutung der Geschichte* eine neue Bedeutung: Es ist die Entscheidung jedes Einzelnen, sich *in die Geschichte* hineinzustellen, *welche* »die Geschichte« prägt, wie nicht die Geschichte eine Gliederung erfährt, sondern wie der Mensch ein Glied in der Geschichte wird. Aus der *Deutung der Geschichte* als subjektive Eigenwelt wird Geschichte in ihrer Epoche erst deutlich. Es geht hier nicht um den Körper der Geschichte, sondern um die eigene physische und geistige Existenz als untrennbarer Teil der Weltgeschichte, um die eigene Subjektivität: Wo *meine* Zeit die Ewigkeit bricht, ist der Ort, an dem die Endlichkeit der menschlichen Existenz der Unendlichkeit des Kosmos begegnet.

In den »Nachträglichen Bemerkungen zum Stern der Erlösung«, in denen Rosenzweig sich nochmals mit seinem Neuen Denken auseinander setzt, kommt er im Zusammenhang mit Lessings »Nathan der Weise«, über den er auch im Dezember 1919 Vorträge in seiner Heimatstadt Kassel gehalten hatte, auf den Begriff der Erfahrung zurück. Rosenzweig wehrt sich dagegen, Lessings »Nathan« aus der Sicht eines Toleranzprinzips vom »allgemeinen Menschentum« zu lesen. Vielmehr spürt er »einen Spalt [...] zwischen Lessings bewusster Tendenz und seiner unbewussten Darstellung«. Diesen Spalt identifiziert er schließlich als *Zwiespalt* in der Person des Juden Nathan. Nathan strafte seine eigenen Worte von der »besten Menschheit« Lügen: Er ist selbst »mehr als solch ein abstrakter Mensch«. Dieser Gegensatz wird unmittelbar deutlich im IV. Akt, wenn Nathan dem Klosterbruder von der Ermordung seiner Frau und seiner sieben Söhne durch die Christen wie auch von seinem zornigen Rechten mit Gott berichtet. Was da beschrieben wird, ist laut Rosenzweig ein echtes *»Juden*schicksal«. Hier ist die »Gewalt der Tatsache« zu sehen, »dass Nathan Jude ist!«[16]

Franz Rosenzweig erkennt im Dilemma von Nathan den Zwiespalt seiner Zeitgenossen, die die *Tatsache ihres Juden-*

tums nicht aufheben können in der Erfahrung eines *allgemeinen Menschentums*.[17]

In der Situation von Rosenzweigs Zeit heißt Mensch sein Christ sein: Es bedeutet die Zugehörigkeit zu einem aufgeklärten kulturellen Bildungsideal und weniger das Bekenntnis eines Glaubens, da Religion und Glauben ihren positiven Charakter verloren haben. »So eingekeilt zwischen der Forderung der Zeit (im höchsten Sinn) und der Notwendigkeit uns zu erhalten, sind wir heute.«[18] Der »höchste Sinn« bedeutet für Rosenzweig zu wissen, dass es die Erfahrung ist, welche die Zeit sprengt. Dass er Jude ist, weiß er jetzt dank der Gewalt einer Tatsache, die es nun für ihn notwendig macht, sich *als Jude* zu erhalten und mit der »Forderung der Zeit« (im höchsten, hegelschen Sinn) zu brechen. Die Unaufhebbarkeit seines eigenen Ichs öffnet die Zeit für die Erfahrung des »hier und heut sich offenbarenden Gottes«.[19] Rosenzweig weigert sich, an einen Gott zu glauben, der in der Geschichte zur Totalität wird, und verwirft somit den »religiösen Intellektualismus«, etwa bei Hegel, im Wissen, dass es die »Tatsache ist, die Geschichte als ›ein fertiges Ganzes‹ sprengt«.[20]

Rosenzweigs Lebensentscheidung, *Jude zu bleiben*, ist somit geprägt von der Tatsache, dass er *Jude ist:* Seine Existenz ist nicht die eines abstrakten Menschen, sondern eines Subjekts, das durch sein *Leben und Handeln* sein Neues Denken bewähren muss. »Der jüdische Mensch« hat selbst »die Gewalt einer Tatsache« oder er »muss [sie] haben«.[21] Seine Entscheidung, sich nach der Fertigstellung seiner beiden Bücher »Der Stern der Erlösung« und »Hegel und der Staat« 1919 dem Freien Jüdischen Lehrhaus in Frankfurt zu widmen anstatt eine akademische Karriere bei Friedrich Meinecke zu beginnen, ist ein Zeichen, dass er auf den großen Augenblick seines Lebens und das Leben des Judentums als lebendig sittliche Gemeinschaft, im Sinne einer lebendigen Kultur, als jüdischer Kulturträger im Abendland also, nicht verzichten will und kann. »Nur im Leben, nicht mehr im Schreiben, sehe ich noch Zukunft vor mir.«[22]

Die Wirklichkeit, die Rosenzweig in seiner geschichtlichen Existenz erfahren hat, wird somit zur Aufgabe, wie er dies in einem Brief von 1923 an seinen Nachfolger in der Leitung des Freien Jüdischen Lehrhauses, Rudolf Hallo, zum Ausdruck bringt:

Ein anständiger Mensch lebt nicht aus den siebenundneunzigeinhalb Möglichkeiten, die es »gibt«, sondern aus der einen Wirklichkeit, die er erfahren hat. Da er sie erfahren hat, wird wohl auch dafür gesorgt sein, dass er aus ihr leben kann und dass dieses Leben kein fruchtloses wird. Im »großen Augenblick« liegt eine Verpflichtung, nicht die zu neuen großen Augenblicken – das wäre frivol –, sondern dazu, dass die kleinen Augenblicke, die dann folgen, die großen nicht verleugnen, sondern in ihrer Weise – also ruhig in »kleiner Weise« – bewahren.[23]

Es geht Rosenzweig nicht darum, in jedem »kleinen« Augenblick den »großen« Sinn der Geschichte zu entdecken, sondern in jeder menschlichen Tat die Kette der Geschichte zu bewahren, als lebendiges Glied die Menschenkette der Geschichte zusammenzuhalten. Die jüdische Tatsächlichkeit Rosenzweigs ist so die philosophische Grundlage des Neuen Denkens, aus dieser Anstrengung wächst seine Einsicht:

Der Stern wird wohl einmal und mit recht als ein Geschenk, das der deutsche Geist seiner jüdischen Enklave verdankt, angesehen werden.[24]

Es ist ein jüdisches Buch, das das Judentum neu begründet, indem es die geschichtliche Existenz des Judentums – ihre Zeitwelt also – als Ereignis des Seins, also als Seinskategorie begründet, indem es ein Wesensmoment Rosenzweigs, seine Beziehung *zum Leben* zum Ausdruck bringt. Der »Stern« ist ein jüdisches Buch, weil er ein Zeugnis ist, kein Produkt einer intellektuellen Übung, das zu einem philosophischen System, zu einer Methode oder gar einer Reflexion »über etwas« führen soll: Er ist eine einmalige Begegnung des Einzelnen mit dem Leben, der Gemeinschaft, in Verantwortung.

Jeder soll einmal philosophieren. Jeder soll einmal vom

eignen Stand- und Lebenspunkt rundumherschauen. Aber diese Schau ist nicht Selbstzweck. Das Buch ist kein erreichtes Ziel, auch kein vorläufiges. Es muss selbst verantwortet werden, statt dass es sich selber trüge oder von andern seiner Art getragen würde. Diese Verantwortung geschieht am Alltag des Lebens.[25]

Das Verhältnis von Philosophie und Leben beschließt und eröffnet eine Epoche, in der das Philosophieren sich am Leben messen muss. Der Weltkrieg hat den Kerngedanken der philosophischen Tradition des Abendlandes endgültig gebrochen: dass die Welt vernünftig sei und dass der Mensch in einem logischen Universum, in der allgemeinen Ordnung der Dinge einen Ort hat, dass die Gesetze der Vernunft zur Harmonie führen im Leben. Rosenzweig weiß, dass der *anthropos theoretikos* aufgehört hat zu herrschen, dass Hegel zwar Recht hatte, als er erklärte, das Ende der Philosophie zu sein, aber dass trotz allem noch immer der Protest des Individuums, des »Dennoch-Individuums« von einem Ende der Welt zum anderen und so zum Anderen hallt.[26]

Aus der Erfahrung in den Schützengräben am Balkan in den Schreckensstunden der Sterbenden im Krieg fängt Rosenzweig an, die politische Geschichte Europas philosophisch neu zu schreiben. Seine Geschichtsphilosophie ist eine Erneuerung aus den Quellen des Judentums, die zugleich eine tief gehende Kulturkritik des Abendlandes bedeutet. »Das Jüdische ist meine Methode, nicht mein Gegenstand.«[27] Rosenzweig trägt der Differenz einer jüdischen Identität innerhalb der europäischen Kultur Rechnung. »Einem Christen wären statt der meinen Worte des Neuen Testaments auf die Lippen gekommen […] mir aber diese.« »Der Stern der Erlösung« ist ein Buch, »dem für das, was es zu sagen hat, die alten jüdischen Worte kommen«.[28] Das Werk Rosenzweigs ist ein großartiger Versuch, Philosophie und Theologie vor der Gefahr der Abstraktion zu bewahren und Denken und Glauben in einen neuen Zusammenhang zu bringen.

Rosenzweig redet nicht über Anschauungen über Gott,

Mensch und Welt, ja er möchte auch noch dieses »über« loswerden und sagen, er redet zwischen ihnen – wie ein Dolmetscher redet.[29]

Es geht Rosenzweig darum, den archimedischen Punkt zu finden, eine Ordnung des Lebens, die jenseits des Buches zu finden ist, die den Schrei des Einzelnen hört, jenseits von jedem Selbstzweck eines philosophischen Systems, da die Gesetze des Denkens nicht identisch sind mit den Gesetzen der Wirklichkeit.

Dies ist ein Punkt in der Mitte der Zeit, an dem Philosophie und Religion sich in der Sittlichkeit begegnen. Der »Stern« endet an einem Punkt, wo Möglichkeit im Vollzug aufbricht, an einem Punkt, der ein Doppelpunkt ist: Denn – »er hat dir gesagt, o Mensch, was gut ist, und was verlangt der Ewige dein Gott von dir als Recht tun und von Herzen gut sein …« (Micha 6,8)

In der Epoche der jüdischen Geschichte finden wir also einen Versuch, in der Sprache der Zeit also im Zeitgeist, den alten Wahrheiten ein neues Gewand zu geben. Im Kontext des Judentums lässt sich nicht von »Religion« und »Profanität« sprechen. Das Anliegen und das Ziel der jüdischen Gelehrten war es in allen Epochen, die jüdische Welt- und Geschichtsauffassung zum Kriterium für die Würdigung der Welt und der Geschichte zu erheben *und* von Gott auszugehen. Es ist das Verdienst von Hermann Cohen, im Anschluss an die jüdischen Quellen, Schöpfung und Offenbarung philosophisch zusammenzudenken und zu betonen, dass der allgemeinste Sinn der Offenbarung ist, dass Gott *in ein Verhältnis tritt zum Menschen.*

Und dieser allgemeinste Sinn ist zugleich der eigentliche. Denn die Meinung, dass Gott sich auch in der Welt offenbare, ist ein ungenauer Gedanke […] Gott offenbart sich überhaupt nicht in Etwas, sondern nur an Etwas, in dem Verhältnis zu Etwas. Und das entsprechende Glied dieses Verhältnisses kann nur der Mensch sein, der Träger des Sittlichen.[30]

Durch die Offenbarung entsteht nun aber erst das Vernunftwesen des Menschen.

> *Wenn anders die Vernunft nicht allein die Naturerkenntnis zu bedeuten hat als vielmehr vorzugsweise die Erkenntnis des Sittlichen, muss der Ursprung dieser sittlichen Vernunft in Gott gelegt werden, der das einzige Sein ist, mithin auch die Verbindung für die Erkenntnis des Sittlichen.*[31]

Die Sittlichkeit ist also ein Naturgesetz für den Menschen wie alle anderen Gesetze der Natur. Die Mitteilung der Sittlichkeit von Gott an den Menschen ist in der rabbinischen Tradition Ausdruck der Liebe Gottes, und so ist der Mensch nicht nur getragen von seiner Vernunft, sondern auch von seinem Herzen, in dem die Zuwendung Gottes zum Menschen den Menschen die Liebe lehrt. »Halte lieb deinen Genossen wie dich, ICH bin's.«

Das Judentum hat, wie bekannt, keine Geschichtsschreibung im klassischen Sinne ausgebildet, aber Geschichte erinnert. Die Aufzeichnungen der Priester und die Einsichten der Propheten waren für sie aber nur in dieser Hinsicht eine historische Quelle, aus der sie eine Praxis entwickeln konnten. Tradition bedeutet somit, einen *sittlichen* Anspruch an die historischen Quellen zu haben. Hermeneutik in jüdischer Tradition heißt zu fragen, was die Quellen in einer bestimmten Zeit für die »Welt« bedeuten, ohne daraus einen absoluten »Sinn der Geschichte« abzuleiten.

Martin Buber erklärt dies in der Einleitung seines Werkes »Der Glaube der Propheten«. »Die letzten Schriftpropheten«, so Buber, »bringen überhaupt keine neue Lehre, sie gestalten nur eine empfangene Lehre nach wechselnden Situationen und deren Anforderungen aus.« Er nennt die Prophetie eine »Wendung zur Zukunft« im engeren Sinne, nicht im Sinne einer Vorhersage, sondern ein Versprechen des noch Ausstehenden, des *Unerfüllten* und häufig *Unerhofften*.

> *Prophezeien heißt, die Gemeinschaft, an die das Wort gerichtet ist, unmittelbar oder mittelbar vor die Wahl und Entscheidung stellen. Die Zukunft ist nicht etwas gleichsam*

schon Vorhandenes und daher Wissbares, sie hängt vielmehr wesentlich von der echten Entscheidung ab, das heißt von der Entscheidung, an der der Mensch in dieser Stunde teilhat.[32]

Die Teilnahme an der Entscheidung ist das Prägende der jüdischen Quellen, wo Historie nur durch das menschliche Wagnis der Freiheit zur Humanität wird. Quellen, die Zeugnis ablegen von einer Kultur, die ihre Existenz nicht als Selbstverständlichkeit sieht, sondern sich immer wieder, in jeder Epoche bemühen muss, ihre Identität der Wirklichkeit abzuringen. Diese Wirklichkeit liegt in der menschlichen Zeitlichkeit und dies bedeutet ein Festhalten an der Geschichte. Es handelt sich hier nicht um die äußerliche Faktizität der Ereignisse, sondern um die innere Haltung der Menschen zu ihrer Geschichtlichkeit, wie sie sich selbst als lebendiges Glied in der Zeit setzen. Zeit und Ewigkeit begegnen einander so in der menschlichen Handlung, die ihren Ausdruck im biblischen Epos der Erzählung findet, wie Franz Rosenzweig in seinem Sprachdenken betont. Im Erzählen wird die Zeit zur Wirklichkeit. Im Munde des Erzählers wird das Ereignis herausgerissen aus der Vergangenheit und in die Gegenwart gerückt. Als Erzähler, so Rosenzweig, bewirkt der Mensch seine eigene Verwirklichung, seine Humanität. Er bekommt einen Namen und erlöst dadurch sich selbst und die Geschichte aus ihrer Anonymität: Er schreibt die Geschichte und wird so in die Geschichte eingeschrieben, dadurch, dass er die Geschichte *als seine eigene* benennt. Sie ist nun nicht mehr die Geschichte von anderen, die ihm fremd sind, sondern im Antlitz der Geschichte erkennt er sein eigenes »Menschsein«. Kein Wissen um Gott wird in der Bibel vermittelt, sondern der Zweifel an seiner Existenz ist das Hauptthema dieses Buches. Dieses »vielleicht« ist in vielen Hinsichten viel leichter als jede philosophische Auseinandersetzung über die Existenz Gottes, wiegt aber viel schwerer, da in jedem Dialog die Existenz in Frage gestellt wird. Was Rosenzweig über die Bibel sagt, hält er für eine allgemeine Wahrheit: *»Alles Wort ist gesprochenes Wort.«*[33]

Die Brücke zwischen Zeit und Welt ist somit die menschliche Sprache, in der wir heute zueinander reden, wo wir, wie Scholem bemerkte, »die Einheit in unserer Differenz entdecken«. Religion, Wissenschaft und Kunst ins Gespräch zu bringen ist eine Aufgabe, die für jede Kultur unentbehrlich ist, jedoch in unserer Zeit eine besondere Bedeutung gewinnt.

In seinem Aufsatz »Die Götter der Völker und Gott«, der zuletzt 1941 auf Hebräisch in Tel Aviv und 1936 auf Deutsch erschienen ist, zeigt Martin Buber am Beispiel des jüdischen Philosophen aus Galizien, Nachman Krochmal, die Bedeutung der Geschichte des jüdischen Volkes. Buber greift zurück auf eine Geschichte über die »Fürsten der Welt« aus einer alten Überlieferung, nach der siebzig Engel, bekannt als die »Fürsten der Welt«, über die siebzig Völker der Welt gestellt sind, und die, wenn die Völker miteinander streiten, auch wider einander im Streit sind. Diese Fürsten sind die eigentlichen Sieger und Besiegten, und ihre Kriege, ihre Siege und Niederlagen, ihr Auf- und Abstieg sind das große Drama der Geschichte. Jeder Fürst hat seinen Zweck und muss seinem Herrn Rechenschaft geben. Wenn er selbst die Macht ergreift, dann streckt die starke Hand Gottes ihn nieder. Auch das jüdische Volk habe einen solchen Fürsten, nur wird erklärt, dass die Kinder Israels sich geweigert haben, das Joch eines Engels anzunehmen. Sie haben jedes Joch verworfen, nur nicht das Königtum Gottes. Dies macht das besondere Verhältnis Israels zu Gott aus und seine besondere Position in der Weltgeschichte. Buber vergleicht die Fürsten von damals mit den »modernen Staatsmythen, die von den Führern und Verführern der Nationen verwendet werden, um deren Selbstsucht mit dem Trug eines illusionären Idealismus zu befeuern«.[34]

Aus dem dienenden Engel wird ein Gott, aus der Nation ein Götze.

Im Aufsatz über Krochmal erinnert Buber daran, dass Krochmal wiederholt den Juden sagt, »sie seien zu Lehrern der Völker berufen: sie hätten sie zu lehren, das Absolute selber und nicht die verabsolutierten Volksgaben anzubeten«.[35]

Bubers Erinnerung gewinnt gerade heute in der Frage des vereinigten Europa eine besondere Brisanz im Hinblick auf die weltgeschichtliche Aufgabe des Christentums. Wenn nämlich jedes Volk in der zum Absoluten erhobenen Exklusivität seinen Fürsten hat, kommt es darauf an, ob es einen »Fürsten der Fürsten« (Daniel 8,25) gibt, den alle über sich anerkennen. Ob also die Völker eine gemeinsame Autorität, ein gemeinsames Ethos haben. Es wäre, so Buber, die Aufgabe des Volkes Israel, die Gemeinsamkeit von Partikularismus und Universalismus zu verkörpern und den Völkern zu vermitteln. Buber zeigt jedoch, wie im modernen Zeitalter, nach dem Eintritt der Juden in die Geschichte der abendländischen Völker, die jüdische Gedankenwelt zu einer Relativierung fiktiver Absolutismen geführt hat.

Ideologien, Ideale, Ideen wurden zuerst einer soziologischen, dann einer psychologischen Analyse und Kritik unterworfen. Marx durchschaute sie als Hilfskonstruktionen im Wandel des Produktionsprozesses und den aus ihr aufsteigenden Kämpfen der Klassen; Freud entlarvte sie als Sublimierungen der geschichtlichen Libido und als Ausgestaltungen der zu ihrer Verdrängung bewegenden Mächte.[36]

In diesem Prozess wurde aber das ursprünglich-geistige Element relativiert. Im Bezug auf den Menschen bedeutet dies – in religiöser Sprache ausgedrückt –, so Buber, eine Auslöschung des Ebenbildes.

Der Mensch ist nicht Ebenbild, er ist nur im Bilde erschaffen, aber löscht man es aus, so gibt es auch den Menschen als Menschen nicht mehr.[37]

Buber äußert hier eine ungewöhnlich scharfe Kritik gegen das kritische Werk der Juden in den letzten Jahrhunderten; er wirft der »jüdischen« Wissenschaft vor, statt durch die Zerschmetterung der Götzen einen Raum für Gott auf der Welt zu schaffen, ihm jede Stätte entzogen zu haben. Ein organisches

Band, das die Welt mit der Ewigkeit verbindet, ist hier durchschnitten worden.

In Krochmals Geschichtsphilosophie sieht Buber die Möglichkeit, diesen Abfall rückgängig zu machen.

Der Gedanke der Einzelnen vermag die durch geistige Gebilde usurpierten Throne, von denen jeder als der Thron der Welt gelten will, zu erschüttern; aber nichts anderes als das Leben des Volkes vermag den Thron des wahren Königs aufzurichten.[38]

Dies ist eine Doppelaufgabe, in der jede Hälfte an die andere gebunden ist. Ohne eine Erschütterung der falschen Throne nämlich, so Buber, gibt es keine Errichtung des wahren.

Wenn Israel kraft der geschichtlichen Tatsache, dass es in den Dienst des wahren Gottes genommen worden ist, eine geschichtliche Aufgabe hat, so kann das nur die ganze Doppelaufgabe und nicht weniger sein als sie.[39]

Zerstörung ist somit die Voraussetzung der Erneuerung.

Dies steht im Zeichen des biblischen Humanismus im Sinne von Emmanuel Lévinas, der die *condition humaine* des Judentums in der Geschichte als Conditio Judaica, jüdische Bestimmung, folgendermaßen beschreibt:

Solange Tempel stehen, Fahnen auf Palästen flattern und die Magistratsbeamten noch Schärpen anlegen, riskiert man bei den Stürmen unter der Schädeldecke keinerlei Schiffbruch. Sie stellen nur das Schaukeln dar, das die Brisen der Welt bei ihren im Hafen fest verankerten Schiffen hervorrufen. Das wirkliche Innenleben ist kein frommer oder revolutionärer Gedanke, der uns in einer behaglich dasitzenden Welt ankommt, sondern die Verpflichtung, die ganze Menschlichkeit des Menschen in der nach allen Winden offenen Laubhütte des Gewissens zu beherbergen […] Dass aber die Menschheit sich in jedem Moment der gefährlichen Situation aussetzen kann, in der ihre Moral von einem »Innersten« abhängt, in der ihre Würde sich dem Raunen einer subjektiven Stimme verdankt und sich in keiner objektiven Ordnung mehr spiegelt oder bestätigt – das ist das Risiko, von dem die Ehre des Menschen abhängt. Aber vielleicht ist die Bedeutung der Tatsache, dass es inmitten der Menschheit eine jüdische Bestimmung gibt, gerade in diesem Risiko zu suchen. Das Judentum ist die Menschheit, die an der Schwelle einer Moral ohne Institution steht.[40]

Lévinas reflektiert dann über den Preis, den das jüdische Volk für dieses »Ausgesetztsein« bezahlt hat, und endet so:

Die Bestimmung aber, zu der die menschliche Moral nach so vielen Jahrhunderten wie zu ihrer Matrix zurückkehrt, attestiert, durch ein uraltes Testament, ihren Ursprung innerhalb der Kulturen. Kulturen, die von dieser Moral ermöglicht, hervorgerufen, begrüßt und gesegnet werden, von der Moral, die aber erst geprüft und gerechtfertigt ist, wenn sie der Zerbrechlichkeit des Gewissens standhält […][41]

In der Tat ist das Gewissen zerbrechlich, weil auch jedes Wissen am einzelnen Menschen bricht und dort seinen Einbruch erlebt, wo das Heilige und das Profane sich im Menschen zur rechten Zeit treffen.

Als Bindeglied zwischen Historie und Humanität bleibt der Mensch in der Zwischenzeit, von der er nicht weiß, wann sie zu Ende geht, und die daher auch in jedem Augenblick durch eine Hermeneutik der Verantwortung und der Hoffnung – um nicht an der Welt zu verzweifeln – verwendet werden kann: eine Wende der Zeit zum Anderen.

Anmerkungen

1 Vgl. Jorge Semprun, Blick auf Deutschlands Zukunft. Rede zur Entgegennahme des Weimar-Preises der Stadt Weimar am Tag der Deutschen Einheit 3. Oktober 1995. Frankfurt/M. 1995.

2 Julius Guttmann, Die Philosophie des Judentums, Wiesbaden 1985, S. 9.

3 Messianismus zwischen Mythos und Macht. Jüdisches Denken in der europäischen Geistesgeschichte [1.], hrsg. v. Eveline Goodman-Thau und Wolfdietrich Schmied-Kowarzik, Berlin 1994.

4 Hermann Cohen, Der Jude in der christlichen Kultur, in: Jüdische Schriften, Zweiter Band. Zur Jüdischen Zeitgeschichte, Berlin 1924, S. 195.

5 Julius Guttmann, Die Philosophie des Judentums, a. a. O., S. 304.

6 Ebd., S. 311ff.

7 Ebd., S. 314.

8 Hermann Cohen, Der Begriff der Religion im System der Philosophie, Bd. 2, Giessen 1915, S. 32.

9 Ebd., S. 33.

10 Ebd., S. 33f.

11 Ebd., S. 42.

12 Ebd., S. 56.

13 Ebd., S. 116.

14 Hermann Cohen, Religion der Vernunft, S. 523.

15 Franz Rosenzweig, Die Schrift, Königstein/Ts. 1976, S. 132.

16 Franz Rosenzweig, Der Mensch und sein Werk. Gesammelte Schriften III. Zweistromland. Kleinere Schriften zu Glauben und Denken, hrsg. v. R. und A. Mayer, Dordrecht 1984, S. 449–453.

17 Der Dialog zwischen dem Klosterbruder und Nathan ist hier besonders aufschlussreich. Nachdem Nathan trotz allem doch zu Gott zurückfindet, sehen wir, dass die Abstraktion von der positiven Religion nicht mehr möglich ist. Es geht jetzt um die Tat:

»KLOSTERBRUDER: Nathan! Nathan!
Ihr seid ein Christ! – Bei Gott, Ihr seid ein Christ!
Ein bessrer Christ war nie!
NATHAN: Wohl uns! Denn was
Mich Euch zum Christen macht, das macht Euch mir
Zum Juden! – Aber lasst uns länger nicht
Einander nur erweichen. Hier brauchts Tat!«

Aus: Gotthold Ephraim Lessing, Werke, 2. Bd., Nathan der Weise IV/7, München 1971, S. 317.

18 Franz Rosenzweig, GS III, S. 452.

19 Franz Rosenzweig, Der Mensch und sein Werk. GS I, Briefe und Tagebücher, hrsg. v. R. Rosenzweig und E. Rosenzweig-Scheinemann unter Mitwirkung von B. Casper, Den Haag 1979, S. 101.

20 Ebd., S. 112.

21 Franz Rosenzweig, GS III, S. 450.

22 Franz Rosenzweig, GS I, S. 645.

23 Ebd., GS I, S. 890.

24 Ebd., S. 887.

25 Franz Rosenzweig, Das Neue Denken. Einige nachträgliche Bemerkungen zum »Stern der Erlösung«, in: GS III, S. 160.

26 »Wollte die Philosophie sich nicht vor dem Schrei der geängstigten Menschheit die Ohren verstopfen, so musste sie davon ausgehen – und mit Bewusstsein ausgehen –: dass das Nichts des Todes ein Etwas, jedes neue Todesnichts ein neues, immer neu furchtbares, nicht wegzuredendes, nicht wegzuschweigendes Etwas ist. Und an Stelle des einen und allgemeinen, vor dem Schrei der Todesangst den Kopf in den Sandsteckendes Nichts, das sie dem einen und allgemeinen Erkennen einzig vorangehen lassen will, musste sie den Mut haben, jenem Schrei zu horchen und ihre Augen vor der grauenhaften Wirklichkeit nicht zu verschließen. Das Nichts ist nicht Nichts, es ist Etwas.« (Franz Rosenzweig, Der Stern der Erlösung, Erster Teil, Einleitung, Frankfurt a. M. 1988).

27 Franz Rosenzweig, Das Neue Denken, S. 155.

28 Franz Rosenzweig, Briefe, Berlin 1935, S. 407.

29 Martin Buber, Franz Rosenzweig, in: Kantstudien XXXV (1930), S. 4.

30 Hermann Cohen, Religion der Vernunft aus den Quellen des Judentums (1929), Nachdruck Darmstadt 1966, 1988, S. 83.

31 Ebd.

32 Ebd., S. 18.

33 Franz Rosenzweig, Die Schrift und das Wort – Zur neuen Bibelübersetzung, in: Franz Rosenzweig, Der Mensch und sein Werk, GS III: Zweistromland. Kleinere Schriften zu Glauben und Denken, hrsg. v. Reinhold und Annemarie Mayer, Dordrecht 1984, S. 777.

34 Martin Buber, Der Jude und sein Judentum, S. 145f.

35 Martin Buber, Werke, Bd. II, S. 1071.

36 Ebd., S. 1081.

37 Ebd., S. 1082.

38 Ebd., S. 1081.

39 Ebd.

40 Emmanuel Lévinas, Eigennamen, München/Wien 1988, S. 105.

41 Ebd., S. 106.

Das politisch-gesellschaftlich-kulturelle Erbe

Ethik und Ästhetik als Paradigma für Differenz in der Einheit

»Es ist ein Mandat
Ich kann meiner Natur nach nur ein Mandat übernehmen, das niemand mir gegeben hat. In diesem Widerspruch, immer nur in einem Widerspruch kann ich leben. Aber wohl jeder, denn lebend stirbt man, sterbend lebt man. So wie zum Beispiel der Zirkus von einer Leinwand umspannt ist, also niemand, der nicht innerhalb dieser Leinwand ist, etwas sehen kann. Nun findet aber jemand ein kleines Loch in der Leinwand und kann doch von außen zusehen. Allerdings muss er dort geduldet werden. Wir werden einen Augenblick lang so geduldet. Allerdings – zweites allerdings – meist sieht man durch ein solches Loch nur den Rücken der Stehplatzbesucher. Allerdings – drittes allerdings – die Musik hört man jedenfalls, auch das Brüllen der Tiere. Bis man endlich ohnmächtig vor Schrecken in die Arme des Polizisten zurückfällt, der von Berufs wegen den Zirkus umgeht und nur leise mit der Hand dir auf die Schulter geklopft hat, um dich auf das Ungehörige eines solchen gespannten Zusehns, für das du nichts gezahlt hast, aufmerksam zu machen.« Franz Kafka

Ethik und Ästhetik

Die politischen und gesellschaftlichen Umbrüche der letzten Jahre in Europa markieren das Ende der Nachkriegsordnung. Dies hat Konsequenzen für eine Reflexion über den Ort des jüdischen Denkens in der europäischen Geistesgeschichte.

Fünfzig Jahre nach der Shoa wird es immer deutlicher, dass wir über das verlorene jüdische Erbe in Europa nicht mehr allein unter den Stichworten »Opfer und Täter« reden können, sondern umfassender den jüdischen Beitrag zur europäischen Geistesgeschichte bewusst zu machen und zu bedenken haben.

Bei einer Reflexion über den Ort dieses Beitrags sind Metaphern, die »Bruch« und »Kontinuität« betreffen, einerseits wichtig, um die Signaturen dieses Ortes zu konturieren, doch zugleich sind sie Merkmale dieses undefinierbaren Ortes selbst. Sie entstammen jener historischen Tatsache, die als die Vernichtung der europäischen Judenheit in die Geschichte unserer Generation eingeschrieben ist. Eingeschrieben sind die Metaphern in den Herkunftsort ihrer verloren gegangenen Geschichte und weisen zugleich als Beschreibungsgrößen über ihren Untergang hinaus.

Der Widerspruch, der zwischen den beiden Größen »Bruch« und »Kontinuität« aufleuchtet, erlaubt eine Brücke zu legen über den Abgrund, über den kein Gespräch möglich ist: Im Hinblick auf die kontinuierliche Zeit heißt dies, eine Möglichkeit zu schaffen, die Pflöcke des Zeltes aufs Neue mit einem Seil zu überspannen, unter dem sich Tradition wieder entfalten kann.

In diesem Sinn ist es wichtig, Nutzen und Nachteil der Historie als feste Anhaltspunkte kritisch zu betrachten, jedoch wäre es verfehlt, die Zukunft fortzuschreiben oder idealistisch zu betrachten. Durch eine solche kritische Betrachtung werden Gegenwart und Zukunft zu einer Indikation des individuellen wie auch des kollektiven erinnerten Gedächtnisses, das in seiner Brüchigkeit ein Kontinuum in der Zeit aufspannt. Raum und Zeit gewinnen so eine Dimension der Offenheit, in der Gegensätze nicht aufgehoben werden, sondern einander fruchtbar begegnen.

»Bruch und Kontinuität«, nicht als dialektische Begriffe, sondern als poetische Metaphern verstanden, öffnen einen identitätsstiftenden Horizont, in dem die üblichen Unterscheidungen im abendländischen Diskurs zwischen Wissenschaft, Kunst, Religion und Philosophie als geistige Disziplinen aufgehoben und als ineinander verflochten wahrgenommen werden, um das Wissen in seiner Ganzheitlichkeit zu erkennen und zu erfahren.

Die Spannungen, die in Europa zwischen Religion und Philosophie ausgetragen wurden und die jetzt im Zusammenbruch der Traditionen, die Europa geprägt haben, als Riss ins Auge fallen, machen die Suche nach der Verbindung zwischen *Ethik* und *Ästhetik* zur Herausforderung. Die Aufgabe, die uns die denkende Bewältigung unserer politischen, sozialen und vor allem auch menschlichen Probleme stellt, lässt in den Ruinen der sich auflösenden Materie, trotz der stürzenden Türme von Manhattan und Babylon, neue Funken aufleuchten.

Durch die Diskussion über Inhalt und Struktur des vereinten Europa und die über den Atlantik geführte Debatte vom »Alten« und »Neuen« Europa, werden die »Verschiedenheit der Erinnerung«, das »Leben von Bruch und Kontinuität« nochmals deutlich und zeigen, wie die Spuren der Ereignisse des Zivilisationsbruches Auschwitz in allen Bereichen des Lebens eingeschrieben sind und meist noch immer auf Deutung warten. Keine historische Aufarbeitung der Tatsachen, sei sie auch noch so gründlich, kann die geistesgeschichtlichen Spuren in den traditionellen Denkmustern auswischen, wenn diese Arbeit nicht begleitet wird von einem Überdenken der Prämisse, auf die sich die Gesellschaft stützt. Erinnerung an sich kann diese Aufgabe nicht übernehmen, wenn nicht zugleich die Frage nach einem glaubwürdigen *Ethos* gestellt wird, das es erlaubt, die Kontinuität als Bruch – also als Scheitern der Tradition als sicheren Angelpunkt – zu denken und zu gestalten.

In der Begegnung von Individuum und Gesellschaft, des Einzelnen mit sich selbst und mit seiner Umgebung, findet die Gestaltung von Tradition statt, und es ist möglicherweise das Verdienst der jüdischen Tradition als historisches Phänomen, das dies gerade in Europa am deutlichsten zeigt. So ist auch der Verlust an Tradition in Europa gekennzeichnet vom Verlust des europäischen Judentums, das neben dem antiken griechisch-römischen Erbe, dem Christentum und dem Islam das Denken in Europa geprägt hat.

Ein Lesen der Geschichte durch die Ordnungs- und Zweckbestimmungen hindurch, ein Lesen, das die Gegenwartserfahrung aus dem Kreislauf der Wiederholungen erlöst und in etwas über sich Hinausweisendes verwandelt, ist angesagt. Durch die freie Wahl des ästhetischen *und* ethischen Handelns wird nämlich eine Verfügbarkeit hergestellt, die eine Kontinuität in der Tradition, basierend auf einer vielfältigen Verarbeitung der Vergangenheit im Lichte der Möglichkeiten, in der die Wirklichkeit sich dem Menschen darbietet, aufleuchten lässt.

Die bekannte jüdische Philosophin Sara Kofman, die vor einigen Jahren freiwillig aus dem Leben geschieden ist, hat die Entscheidung, ihre Autobiografie zu schreiben, vor sich hingeschoben, da sie eigentlich nur die Geschichte eines kleinen jüdischen Mädchens schreiben wollte, das zwischen zwei Welten hin- und hergerissen wurde, und weil sie wusste, dass sie damit ihr »Todesdatum verschieben würde«, wie sie 1991 schrieb.

> *Für mich sind die Dinge so wichtig, dass ich den Eindruck habe: wenn es gesagt ist, werde ich nichts anderes mehr schreiben können.*

Ihre Schriften zu wichtigen Trägern und Kritikern der europäischen Kultur, wie Rousseau, Nietzsche und Freud, waren nur Umwege, um sich »einen Namen« zu machen. Ihre Signatur liegt beschlossen im ersten Satz ihrer letzten kleinen Schrift:

> *Von ihm habe ich nur noch den Füller. Ich habe ihn eines Tages aus der Handtasche meiner Mutter genommen, in der sie ihn mit anderen Andenken an meinen Vater aufbewahrte. Einen Füller, wie es ihn heute nicht mehr gibt, und den man mit Tinte auffüllen musste. Ich habe ihn während meiner*

ganzen Schulzeit benutzt. Er hat mich »verlassen« bevor ich mich entscheiden konnte, ihn aufzugeben. Ich besitze ihn immer noch, er ist mit Klebestreifen geflickt, er liegt vor meinen Augen auf meinem Schreibtisch und zwingt mich zu schreiben, zu schreiben.

Vielleicht waren meine zahlreichen Bücher Umwege, die notwendig waren, um endlich »dies« erzählen zu können.[1]

Die Frage nach dem Sinn der Welt ist so alt wie die Welt selbst und die Antworten so zahlreich wie die Sterne am Himmel und der Sand des Meeres. Die Lebenswelt der Menschheit ist von ihren frühen Anfängen an geprägt von den Vorstellungen, die man sich von Himmel und Erde gemacht hat als Ort und Quelle der Sinnstiftung.

Im Abendland lässt sich der Weg dieser Suche nach Sinn verfolgen vom göttlichen Kosmos der Griechen über den Gott der Bibel bis zur Lehre des Menschen im Diesseits. Von Rabbi Bunam von Pzysha stammt die berühmte Aussage, dass er ein Buch verfassen wollte, das »Adam« heißen und den ganzen Menschen enthalten sollte. »Dann habe ich aber beschlossen, dieses Buch nicht zu schreiben.« Und wenn Theodor W. Adorno sagt, dass das Ganze das Unwahre ist, so weigert er sich, diese Welt, so wie sie ist, als das letzte Wort anzuerkennen. Die Besinnung entweder auf die Welt oder auf Gott oder auf den Menschen als Ganzheit erweist sich als unzureichend, und es stellt sich die Frage, ob auch im Diskurs der Gegenwart, in einer Welt, in der verschiedene Deutungsmuster der Wirklichkeit nebeneinander existieren, die Frage nach der *Verbindung* dieser drei Ganzheiten befriedigend ist. Auch stellt sich heraus, dass nicht die »Entzauberung der Welt«, sondern eine Wiederkehr des Religiösen unsere Gegenwart mehr und mehr prägt. In anderen Worten, wir müssen den Weg zum Ursprung nochmals verfolgen, um zu sehen, wie religiöse Traditionen zu modernen Denkformen werden im jeweiligen kulturellen Kontext der drei monotheistischen Religionen in der Begegnung mit dem griechisch-römischen Erbe. Unsere Aufgabe wird es, wie bereits erwähnt, sein, diesen Prozess im Judentum zu verfolgen, das als erste biblische monotheistische Religion die abendländische Kultur geprägt hat.

Die klassische Orientierung des Menschen am Ganzen bricht zusammen, wo Gott als Schöpfer des Himmels und der Erde, als Alleinschöpfer von getrennten Orten des Daseins von Mensch und Gott, als Schöpfer also eines *Diesseits* und eines *Jenseits* gesehen wird. Zugleich wird mit dieser Trennung jedoch der Bezug ermöglicht: Der Himmel ist eben nicht auf Erden, Gott ist nicht, wie im späteren Christentum, Mensch geworden, sondern der Mensch Gottes Ebenbild, ein Bild, das sich im Menschenbild, dem Bild, das der Mensch von sich und seinem Nächsten hat, erkennen lässt. Die *ethische* Dimension der Gottesbeziehung ist es, die den Kern des monotheistischen Durchbruchs ausmacht. »... und Gott sah, dass es gut war« ist ein ständig wiederholter Ausdruck der Freude, die Gott an seinem Schöpfungswerk hat, welches er dem Menschen zum Geschenk macht, »zu pflegen und zu hüten« (Genesis 2,15), wie es vom Paradies heißt. Der Mensch hat also vom Anfang an eine enge Beziehung sowohl zur Welt, zu Gott und sich selbst als Hüter der Welt, welche in der dramatischen Frage an Kain, nachdem er seinen Bruder Abel umgebracht hat: »Bin ich meines Bruders Hüter« (Genesis 4,10) ihren Gipfel erreicht. Leben und Tod sind nicht nur in der Hand des allmächtigen Gottes, sondern zum Instrument der menschlichen Macht geworden, der Macht, die der Mensch über Leben und Tod seines Mitmenschen hat.

Das Bilderverbot im jüdischen Monotheismus hat hier seinen Ursprung und seine Bedeutung. Sich ein Bild von Gott zu machen hieße, die Voraussetzung der Mensch-Gott-Beziehung zunichte zu machen, eine Beziehung, die nicht nur das Unvollendete, Unerwartete und Unerdachte, sondern in erster Linie die menschliche Freiheit zum Handeln einschließt. Die Ebenbildlichkeit des Menschen im Bezug auf Gott drückt sich nämlich nicht in einer äußerlichen Form aus, sondern in einer *imitatio dei* der Eigenschaften Gottes, die der Mensch durch seine Tugenden nachahmen kann. Es geht im biblischen Monotheismus nicht wie im griechischen Denken um die Wahrheit Gottes, sondern um die Wahrhaftigkeit, die Art und Weise, in der Gott und der Mensch haften für die Wahrheit, die vonseiten des Menschen in freier Entscheidung immer wieder der Wirklichkeit abgerungen werden muss, in einer Entscheidung über Gut und Böse.[2] Eine berühmte Auslegung des jüdischen mittelalterlichen Exegeten Raschi aus Worms zu Genesis 2,19–20, wo von der Benennung der Welt durch Adam die Rede ist, besagt, dass Adam und Eva, bevor sie vom Baum der Erkenntnis gegessen hatten, wohl die Welt benennen konnten, aber nicht den Unterschied zwischen Gut und Böse wussten. Im jüdischen Verständnis gibt es also im Gegensatz zum griechisch geprägten Christentum, das es als Hybris betrachtete, das göttliche Wissen erlangen zu wollen, keine Erbsünde: Die Paradiesgeschichte handelt hier vom Ort, wo *Gotteserkenntnis*, *Selbsterkenntnis* und *moralisches Bewusstsein* eins sind. Im Wissen um das Gute und das Böse erkennt der Mensch seine Lebenswelt, in der er zu jedem Augenblick herausgefordert ist, die freie Wahl zum Handeln zu haben. Es gibt also hier keine Trennung zwischen Erkenntnis und Handlung, zwischen Theorie und Praxis. Auch nicht zwischen Glauben und Wissen – das hebräische Verb *yadah* bedeutet menschliches und göttliches Wissen in allen Bereichen des Lebens. Es meint eine *biologische* (Genesis 4,1) und *geistige* (Deuteronomium 4,39) Erkenntnis, eine Zeugenschaft der menschlichen Tugenden, in der Körper und Seele, die Vernunft und das Herz nicht getrennt sind. Die Zehn Gebote sind Ausdruck dieser Doppelbeziehung: Die ersten fünf reden von der Beziehung zwischen Mensch und Gott und die zweiten fünf von der Beziehung zwischen Mensch und Mensch. Den Übergang zwischen den beiden Teilen bilden das Schabbatgebot und das Gebot der Elternehrung. Das Schabbatgebot als Ausdruck der universalen Gerechtigkeit und des Friedens für die ganze Menschheit in der Zeit, und das Gebot, die Eltern zu ehren, als Ausdruck der Praxis, zu der man den ersten Bezugspersonen gegenüber verpflichtet ist als Vorbild der Beziehung zum Mitmenschen. Religiöse und humanistische Motive fließen hier von Anfang an zusammen und erlauben, wie wir im Weiteren sehen werden, den Übergang zwischen Religion und Moderne. Die zweiten fünf Gebote, als *ethische Grundlage der Weltordnung*, bedingen aus jüdischer Sicht die Schöpfung selbst. So werden Schöpfung und Offenbarung zu einem Ereignis zusammengeschmiedet.

Die rabbinische Antwort auf den griechischen Logos war schon ganz früh: *sof ma'aseh be-machschava techila* – es ist die Handlung, die als Erste im Gedanken war. Also nicht eine Welt der Ideen oder eine der menschlichen Handlungen, sondern die menschliche Handlung bestimmt die Idee. Wie auch die Kinder Israels am Berge Sinai sagen: »*Na'aseh venischma* – Wir werden tun und wir werden hören.«

Die rabbinische Lehre bindet dies an den sechsten Tag der Schöpfung, an den Tag, als der Mensch erschaffen wurde und Gott ihm die Schöpfung als Gabe gibt.

> *Resch Lakisch sagte: Was bedeutet es, dass geschrieben steht »Abend ward und Morgen ward – der sechste Tag«? Was soll dieses überflüssige der? Es lehrt, dass der Heilige, gelobt sei er, mit dem Schöpfungswerk die Bedingung aussprach: Wenn Israel die Weisung annimmt, sollst du bestehen bleiben, wenn aber nicht, führe ich dich zurück in die Wüste und Leere.*[3]

Die Rabbinen sahen eine direkte Verbindung zwischen Schöpfung und Offenbarung und daher die Notwendigkeit, die Zeit »umzudrehen«. Der Tag der Offenbarung (der sechste Tag im Monat Sivan) in der Zukunft des Volkes ist derselbe Tag am Ende der Schöpfung, an dem der Mensch geschaffen wurde. Es ist ein Tag, der durch die Verbindung zwischen Vergangenheit und Zukunft eine bestimmte Bedeutung in der Gegenwart gewinnt. Es ist kein Datum, sondern ein »Sinn«. Geschichte ist nicht zu trennen von Sinngebung im Sinne von ethischem Handeln am Nächsten. Die Welt ist nicht a priori »geschaffen« und damit Geschichte oder »Chaos«, Unendlichkeit. Wenn sie im *menschlichen* Sinn verstanden wird, dann ist die Welt »erschaffen«, sonst ist sie Chaos. Der monotheistische Durchbruch ist somit ein Durchbruch zu Gott, zum Mitmenschen und zur Welt.

Das moderne Streben nach Freiheit und Selbstbestimmung ist zwar nicht mit einer Jenseitserwartung eng verbunden, jedoch mit einer Sehnsucht nach einem verlorenen Himmel, der als Ausweg aus einer festgelegten Ordnung der Natur das Selbst vor seinen eigenen Vorstellungen retten könnte. Es wirft die Frage auf: Wie lässt sich ein religiöses Denken mit einem aufgeklärten verbinden? Der Zusammenhang zwischen Diesseits- und Jenseitsentwürfen wird zur Chiffre einer unversöhnten Moderne, in der die Versöhnung in einer unerlösten Welt nur durch eine *verbindliche* Trennung aufhebbar scheint. Das Leben in einer völlig historisierten Welt, in der die Überzeugung herrscht, dass die Menschenwelt die einzige ist, die wir in Wahrheit verstehen können, da wir sie selbst geschaffen haben, öffnet jedoch möglicherweise einen Horizont des Denkens, wo die Menschheit als um des Menschen willen geschaffene oder vorhandene Welt eine neue Bedeutung gewinnen kann. Die Welt ist dann nicht entweder eine von Natur aus bestehende oder nach einem vorherbestimmten Zeitplan verlaufende, sondern hat aus *menschlicher* Sicht einen Anfang: An jedem Tag muss sich an einem einzelnen Menschen die Welt erneuern, um Menschenwelt zu werden.

Das Verhältnis des Menschen zu Gott gewinnt so seinen Sinn im Verhalten des Menschen zur Welt, indem der Wille zur Schöpfung sinnvoll bewahrt bleibt. Der seiner Freiheit überlassene Mensch ist das Staunen und das Verzweifeln über diese Einsicht, die Brücke zwischen Schöpfung und Selbstschöpfung.

Dort, auf der schmalen Brücke, aufgespannt zwischen Himmel und Erde, bekommt die Suche nach Sein und Sinn einen Ort, wo die Endlichkeit der menschlichen Existenz der Unendlichkeit des Kosmos begegnet, jenseits der vorweggenommenen Antworten auf die ersten Fragen nach den letzten Dingen. Dort begegnen und befragen einander die Antworten auf die Fragen »Was kann ich wissen?« und »Was kann ich tun?« im historischen, und auf die Fragen »Was kann ich hoffen?« und »Was ist der Mensch?« im meta-historischen Bereich.

In diesem Frage-und-Antwort-Spiel, das ein Spiel auf Leben und Tod ist, wie wir aus der Paradiesgeschichte wissen, wächst der einsame Mensch in Hoffnung und Verzweiflung, in Skepsis und Vertrauen. Der Verzicht auf diesen Ort würde das Ende bedeuten, ein Ende, das auch den Anfang mit sich reißen würde in einen Abgrund, in dem Leben und Tod jeglichen Sinn verloren haben, wie uns aus der Geschichte der Henker in Auschwitz bekannt ist. Das Wissen um das Tun bewahrt die Hoffnung und den Menschen in einer Welt nach der Aufklärung, die als Einheit auseinander gefallen ist.

Für den modernen Menschen ist die Einsicht, dass wir in mehr als einer Welt leben, dass die Wirtschaft und die Politik, die Wissenschaft und die Künste, die Bildungssysteme und die Glaubensinstitutionen, die Technik und der Mensch verschiedene Bereiche der Wirklichkeit darstellen, nicht genügend als Ausgangspunkt für die Fragen nach dem Sinn der Dinge. Die Erkenntnis der Trennung dieser Bereiche zeigt die wachsenden Schwierigkeiten und die Ohnmacht des Menschen, seine eigene Existenz als Brücke zu benutzen, als Ort der Begegnung mit seiner Lebenswelt; es zeigt sich die Unfähigkeit des Menschen, die Sonderposition zu erkennen, die er als historisches Wesen im Ganzen einnimmt. Die menschliche Einbildungskraft, Lösungen für diese grundsätzliche Problematik zu finden, reicht über seine Kräfte hinaus und verweist auf seinen *état d'âme* – in dem die Armseligkeit ohne Echo zum Himmel schreit.

Im wissenschaftlichen Bereich können wir dies beobachten in der Arbeit an der Interdisziplinarität, wo jegliches Bedürfnis nach einem Jenseits der Disziplinen ausgeblendet wird durch einen Diskurs, der von vornherein eine Trennung macht zwischen einer Außen- und einer Innenperspektive, sodass auch jedes Gefühl für diesen Austausch verschwindet.

Unterschieden zwischen *Oben* und *Unten*, *Außen* und *Innen*, *Himmel* und *Erde*, *Glauben* und *Wissen* kann man wissenschaftlich und menschlich – da es um beides geht, wenn man das Versprechen eines wissenschaftlichen Diskurses über die Grundfragen einlösen will – nur gerecht werden, wenn auch eine *Innenperspektive der Fragestellung* möglich ist. Dies hieße nicht, in ein dogmatisches Denken zu verfallen, sondern gerade in ein kritisches Befragen unserer aufgeklärten Kategorien und Begriffe, welches das erlösende Wort als Antwort auf Fragen sucht, die sich nicht aus den allgemeinen Begriffen nähren, sondern neben der Einmaligkeit des Einzelnen auch die Einmaligkeit der Welt will, nicht als religiöses Konstrukt, sondern als menschlich Zugängliches. Hinter dieser Suche nach der Besonderheit der Dinge verbirgt sich die Antwort auf die Frage nach der Sonderposition des Menschen in der Welt, die Rettung aus der Gefahr der menschlichen Hybris, die Welt in den Griff bekommen zu können, die zu einem Würgegriff zu werden droht. Zu leben in der Ungewissheit ist in sich eine Überwindung des Todes. Es wirft die Frage nach dem *Sowohl-als-auch* gegenüber einem *Entweder-oder* auf, aber mehr noch die Frage nach der Sphäre des *Zwischen*, das die Wirklichkeit weder in der Innerlichkeit des Einzelnen noch in einer alles umfassenden und bestimmten Allgemeinwelt, in einer Totalität also, sucht; ein Zwischen, das seine Existenz immer wieder der Wirklichkeit abringen muss.

Differenz in der Einheit

Der unlängst verstorbene jüdische Historiker Amos Funkenstein erklärt am Anfang seines Buches »Jüdische Geschichte und ihre Deutungen«, wenige Kulturen seien so stark mit ihrer eigenen Identität beschäftigt wie die jüdische. Die Einzigartigkeit, die im Judentum eine besonders schöpferische Form annahm, wurde als Voraussetzung seines Überdauerns und als

Leitmotiv im religiösen, aber auch im späteren säkularisierten Bereich verstanden. Kultur könne, so Funkenstein, ihre Existenz und ihre Merkmale als Selbstverständlichkeit oder als eine natürlich Gabe betrachten. Für die jüdische Kultur treffe das seit biblischer Zeit jedoch nicht zu. Dass sie sich ständig mit ihrer Identität beschäftigt, ist ein Hinweis darauf, dass sie *nicht* als selbstverständlich betrachtet wurde. Die jüdische Kultur ist eine sich selbst reflektierende, und jüdisches historisches Bewusstsein ist der Ausdruck dieser Selbstreflexion.

Damit ist nicht gemeint, dass die Juden Zweifel an ihrer Stellung in der Welt oder ihrer Zukunft hätten. Bis ins 19. Jahrhundert galt, dass die Verheißung Gottes die weltliche Existenz des Volkes als Vorwegnahme der Ewigkeit garantiere, die allerdings trotzdem immer wieder auf Erklärung angewiesen war. So sollte sich das Volk nicht mit der Erwählung durch Gott gegenüber anderen Völkern rühmen, sondern diesem besonderen Verhältnis musste ein Inhalt gegeben werden, es musste in jeder Epoche mit neuem Inhalt gefüllt werden: nach innen als jüdische Gemeinschaft und nach außen in Bezug auf die Umwelt, auf die verschiedenen Kulturen, mit denen es in Berührung trat. Man darf annehmen, dass dies eine Kernfrage des jüdischen Monotheismus von seinen frühen Anfängen bis heute in allen seinen Zügen und unterschiedlichen Interpretationsweisen gewesen ist und noch immer ist. Die Verbindung mit Gott war erst garantiert, wenn die Juden als Gemeinschaft ihre Identität gefunden hatten.

Die entscheidende Differenz und damit die Verbindung zwischen einer unbestimmten, mehr oder weniger immer gegenwärtigen kollektiven Erinnerung und einem historischen Bewusstsein ist möglicherweise folgende: Bei einem historischen Bewusstsein handelt es sich um Antworten auf eindeutig gestellte Fragen. Insofern es solche Antworten anbietet, kann es nicht einfach historische Ereignisse als Fakten aufzählen, sondern es besteht die Notwendigkeit, diese Ereignisse zu einer sinnstiftenden Erzählung zusammenzufügen, zu einer Erzählung, die sich in jeder Generation immer wieder aufs Neue interpretieren lässt. Die Interpretation dieser Erzählung wiederum konstituiert das kollektive Gedächtnis. Im Wandel der Wahrnehmung von Geschichte haben diese zwei Bereiche, das historische Bewusstsein und das kollektive Gedächtnis, ihren Ort. Geschichte wahrnehmen heißt, den Ort bestimmen, an dem die Unendlichkeit, die neutrale Zeit, durch die Existenz des Einzelnen gebrochen wird. Es ist der Ort, an dem Geschichte und Biografie sich kreuzen, der Einzelne seinem Leben Sinn gibt. Das kollektive Gedächtnis ist in dieser Hinsicht das Kollektiv aller Biografien – in den Worten der Rabbinen: »Alle haben am Berge Sinai gestanden.« So konnte auch der damalige Präsident des Staates Israel, Ezer Weizmann, bei seinem Besuch in Deutschland im Bundestag (sinngemäß) sagen: »Ich bin es, der aus Ägypten herausgeführt wurde, ich bin ins Babylonische Exil gegangen, ich bin im Mittelalter verfolgt worden, in Auschwitz umgebracht worden und in Israel wieder auferstanden als Volk.«

Es gibt somit keine Erinnerung – auch nicht die intimste oder persönlichste –, die sich von ihrem sozialen Kontext, von der Sprache und dem System von Symbolen, die von der Gesellschaft über Jahrhunderte hinweg geprägt worden sind, trennen lässt. Wir haben es hier zu tun mit einem Beispiel eines Selbst, eines Individuums oder Subjekts, das als Mittler der Welt agiert. Die Welt ist aus dieser Sicht nicht die Schöpfung Gottes oder die Naturwelt, sondern der Plan, den die Menschen in der Welt sehen, den sie sozusagen in die Welt als Sinn »hineinlesen«. Wir sprechen hier in der Sprache von Religion *und* Moderne, von göttlicher Vorsehung für die Welt *und* menschlichen Vorstellungen der Welt. Gerade dieser Zusammenhang muss erkannt werden, wenn wir die Frage der Verbindung zwischen der gegenwärtigen »Krise in den Geisteswissenschaften« und dem Verlust an jüdischen Geistesgut im Abendland klären wollen.

Diese Fragen gewinnen eine besondere Brisanz angesichts der Suche nach Orientierung, die die gesamte westliche Welt nach dem Zusammenbruch der vom Ost-West-Konflikt geprägten Nachkriegszeit durchzieht. Sie ist gekennzeichnet von einer wachsenden Sorge um den Weltfrieden, ausgelöst durch krisenhafte gesellschaftliche Erscheinungsformen und anhaltende alte und neue Kriege, wie auch durch die Angst vor dem wachsenden Fundamentalismus der islamischen Welt. Die Suche der westlichen Demokratien nach Orientierung in einer mehr und mehr durch Technologie und somit durch Wirtschaftsinteressen und -systeme beherrschten Welt gefährdet insbesondere Gesellschaften, deren Identität nicht aufgehoben ist in der oben beschriebenen Verbindung zwischen Geschichtsbewusstsein und kollektivem Gedächtnis – einer Verbindung, die es erlaubt, auch in einer Krise eine Kontinuität zu gestalten. Ein kollektives Gedächtnis ist hierdurch angesprochen, das die Gesellschaft solidarisch zusammenhält, trotz aller Verschiedenheit der Meinungen, die sicherlich auch für die Kontinuität unentbehrlich sind.

Wie es dazu kommen konnte, dass man Juden von einem Tag auf den anderen von Deutschen, Österreichern, Franzosen, Holländern, Belgiern, Italienern zu Juden gestempelt hat, mitten im 20. Jahrhundert, dass Menschen als Staatsbürger ihrer Länder einen Teil ihres Volkes ermordeten, ist eine Frage, die alle, die sich mit dem Verlust beschäftigen, bewegt. Selbstverständlich kann es nicht darum gehen, der jetzigen Generation die Verantwortung für etwas aufzubürden, was sie nicht getan hat. Es geht darum, begreiflich zu machen, welchen Verlust Europa und insbesondere die deutschsprachigen Länder durch die Shoa erlitten haben und welche schlimmen Folgen religiöser Hass bis in die heutige Zeit haben kann. Besonders in den Geisteswissenschaften haben Juden nicht nur in diesem Jahrhundert in Europa eine herausragende Rolle gespielt. Ohne ihr Wirken wäre – auch dies ist ein Paradox – ihre Präsenz und ihr Verschwinden kein so wichtiges Thema. Aus diesem Paradox eine sinnvolle Tradition zu schaffen, ist die Aufgabe der nächsten Generation und es ist unsere Pflicht, dieser Generation zumindest die Werkzeuge für diese Arbeit zur Verfügung zu stellen. Es geht im Zeitalter des Vergessens eben nicht nur ums Erinnern. Im Hebräischen ist das Wort *erinnern* mit der Bedeutung *erneuern* verbunden. Solange die jüdische Geistesgeschichte nicht als ein Teil der eigenen Geschichte begriffen wird, bleibt das »Jüdische« als das »Fremde« in jedem Einzelnen, wie auch in der Gesellschaft, das »Fremde«, welches um jeden Preis bekämpft wird. Museen und Denkmäler der Shoa sind in dieser Hinsicht nicht nur Begegnungsstätte mit einer verlorenen Tradition, sondern Geburtsorte des Neuanfangs, Orte, an denen die Gegenwart sich in rückwärts gewandtem Blick für die Zukunft öffnet.

Das Anknüpfen an frühere Traditionen nach einem Zivilisationsbruch wie dem unseren stellt uns aber vor Probleme, die über Fragen des Verfalls von Kulturen oder die Bedeutung von Geschichte hinausgehen. Im Zeitalter des Vergessens ist Geschichtsbewusstsein kein Angelpunkt mehr; die Erinnerung an die Opfer von Auschwitz ist längst verweht im Wind anderer Kriege und anderen Unrechts. So muss man sich auch fragen, ob die Thesen von Jürgen Habermas zur gefährdeten Identität der Deutschen, die sicherlich nicht nur durch eine Bindung an die Aufklärungsstruktur des Westens, sondern durch eine Reflexion über verbindliche geschichtliche und traditionelle Kontinuitäten gelöst werden können, uns weiterhelfen. »Einige«, so heißt es bei Habermas, »sind Erben der Opfer und derer, die den Gezeichneten geholfen oder Widerstand geleistet haben. Andere sind Erben der Täter oder derer, die stillgehalten haben. Diese geteilte Erbschaft begründet für die Nachgeborenen weder persönlichen Verdienst noch Schuld. Jenseits von individuell zurechenbarer Schuld können aber verschiedene Kontexte verschiedene historische Bürden bedeuten.«[4]

Selbst wenn der »Bann der Kontinuitäten« gebrochen ist, bleibt die Frage, ob die Reflexion darüber in einem Wissen um »den Fluch des bloßen Davongekommenseins« aufgeht.[5] Oder anders formuliert: Gibt es überhaupt eine gemeinsame, allgemeine Haftung oder Schuld, und in derselben Form eine Unschuld? Sind diese Kategorien überhaupt geeignet als traditionsstiftende Elemente für nächste Generationen, die in ihren eigenen historischen Kontexten ihre Probleme zu lösen haben werden, mit oder ohne Bürde der Vergangenheit? Gibt es überhaupt so etwas wie »jenseits von individuell zurechenbarer Schuld« in einer Epoche, in der nicht Geschichtsschreibung, sondern Geschichtsdeutung auf der Tagesordnung steht? Auschwitz betrifft nicht »alle«, sondern jeden Einzelnen auf einzigartige Art und Weise. Nicht »jene«, sondern »uns« Überlebende.

Für mich als Jüdin und für Sie als Deutsche und Österreicher lautet die Frage nach wie vor: Was heißt *uns, was verbindet uns, was trennt uns*? Gibt es gemeinsame Traditionen, aus denen wir auch nach diesem Bruch schöpfen können, oder ist das Gespräch zwischen uns, unabhängig davon, ob es in der Vergangenheit ein solches Gespräch gegeben hat oder nicht, möglich und nicht nur notwendig im Hinblick auf eine gemeinsame Verantwortung, geboren aus einem gemeinsamen Schicksal? Sind wir imstande, wenn dies so ist, die Geschichte dieses Schicksals als eine gemeinsame zu schreiben und uns so in die Menschheitsgeschichte einzuschreiben, oder müssen wir jeweils einen Sonderweg gehen? Oder ist möglicherweise der Zeitpunkt *fünfzig Jahre danach* dazu geeignet, einen Schlussstrich zu ziehen? Ist dies, im biblischen Sinn, das Jahr, in dem jeder frei ausgehen soll, in dem die Täter von ihrer Schuld, die Opfer von ihrer Verantwortung entlastet werden? Haben wir als Überlebende das Recht, den Zivilisationsbruch Auschwitz als Ausgangspunkt einer Diskussion über menschliche Verantwortung zu benutzen? Steht uns dieser Name, wie die Namen der Ermordeten, zur Verfügung, um Denkmale zu errichten, Denkmodelle zu entwickeln? Diese Fragen sind in erster Linie als Ausgangspunkt für eine Diskussion über die »Krise« und die Bedeutung der jüdischen Tradition in der Suche nach Orientierung notwendig. Ich habe nicht vor, diese Fragen direkt zu beantworten. Sie sollen als Fragen und kritische Herausforderung an jeden Einzelnen von uns stehen bleiben.

Mehr als alle anderen Denker unserer Zeit hat der jüdische Philosoph Emmanuel Lévinas die »schwierige Freiheit« des modernen Menschen in seiner »Philosophie des Anderen« thematisiert und eine Brücke zwischen Judentum und Abendland, aber auch zwischen den Menschen und sein Selbst gelegt, die ihre Wurzel in dem Gebot »Du sollst nicht töten« hat. Dieses Gebot richtet sich an mich im Bezug auf den Anderen, der mich herausfordert, ich zu sein, meine Gewalt, die Gewalt meines Daseins, nicht gegen den Anderen zu wenden, sondern aus meiner Innerlichkeit herauszutreten und den Anderen nicht als Bedrohung meines Selbst zu empfinden. Haben, so Lévinas, heiße das Sein ablehnen. »Gewalt ist Herrschaft, aber Einsamkeit«, erinnert er. Erkennen heißt dagegen wahrnehmen, einen Gegenstand erfassen. So wird jede Erfahrung der Welt zu einer Selbsterfahrung. »Dass das ›Erkenne dich selbst‹ zur Grundregel der gesamten abendländischen Philosophie werden konnte«, so Lévinas, rührt daher, dass der abendländische Mensch letztlich das Universum in sich selbst wiederfindet. Hier begegnen wir der Erfahrung des Selbst, der Erfahrung der Freiheit, der Erfahrung des Wissens. Sie führt zu einer tiefen Befriedigung des menschlichen Geistes. Dies ist aber nicht alles. So betont Lévinas weiter:

> *Allein der Anblick des Gesichts, in dem sich das* D u s o l l s t n i c h t t ö t e n *artikuliert, lässt sich weder in eine daraus resultierende Befriedigung, noch in die Erfahrung eines zu großen Hindernisses verkehren, das sich unserer Macht in den Weg stellt. Denn in Wirklichkeit ist der Mord möglich. Aber er ist nur möglich, wenn man dem Anderen nicht ins Gesicht gesehen hat. Die Unmöglichkeit zu töten ist nicht real, sie ist moralisch. Dass der Anblick des Gesichts keine* E r f a h r u n g *ist, sondern ein Aus-sich-Heraustreten, der Kontakt mit einem anderem Sein und nicht bloß Selbstempfindung, das bezeugt der »rein moralische« Charakter dieser Unmöglichkeit. Der moralische Blick ermisst im Gesicht das nicht zu durchschreitende Unendliche, in das die mörderische Absicht sich wagt und in dem sie scheitert. Eben*

darum führt er uns anderswohin als jede Erfahrung und jeder Blick. Das Unendliche zeigt sich nur dem moralischen Blick: Es wird nicht e r k a n n t, *es ist* G e m e i n s c h a f t *mit uns.*[6]

Möglicherweise ist dies eine Antwort auf die Frage von Einheit in der Differenz: Gerade aus der Differenz wächst die Einsicht einer Verbundenheit, die nach der Shoa in Auschwitz am Antlitz der Ermordeten eine neue Bedeutung gewinnen kann. *Bildung* wäre hier dann *Einbildung*, das heißt die Suche nach der Ebenbildlichkeit des Menschen, die Ebenbildlichkeit desjenigen, von dem man sich kein Bild machen darf, dessen Bild jedoch in einem jeden Einzelnen von uns eingeschrieben ist in der Verantwortung für den Anderen.

Vilém Flusser erklärt den Ursprung des Schreibens etymologisch aus dem Lateinischen *scribere*, ritzen, wie aus dem Griechischen *graphein*, graben. Von hier aus deutet er den biblischen Mythos der Schöpfung des Menschen: Gott hat sein Ebenbild aus Lehm (hebräisch *adama*) geformt, dem er seinen Odem eingegraben hat, um so einen Menschen (hebräisch *adam*) zu schaffen. Der mesopotamische Lehm, so Flusser, wird zu einem Ziegel geformt, der göttliche Stilus gräbt in ihm, wodurch die erste Inschrift (der Mensch) geschaffen worden ist. Lehm ist nämlich das Material (die Große Mutter), in das Gott (der Große Vater) seinen Odem hineingrub.[7] Er hat in-formiert, das heißt Formen in ihn gegraben, ihn dann gebrannt, um ihn zu härten. Aus diesen Handlungen zieht Flusser den folgenden Schluss:

Informieren ist eine negative, gegen den Gegenstand gerichtete Geste. Die Geste eines gegen Objekte vorgehenden Subjekts. Sie gräbt Löcher in Gegenstände. Sie gräbt Löcher des »Geistes« in die zu sehr von sich selbst gefüllten Dinge, damit diese Dinge das Subjekt nicht bedingen mögen. Es ist die Geste des Sich-befreien-Wollens vom sturen Widerstand, den die Gegenstände dem Subjekt bieten. Das grabende Schreiben ist eine informierende Geste, deren Ab-

sicht es ist, aus dem Kerker der Bedingungen zu brechen, d. h. Ausbruchschächte in die uns einkerkernden Mauern der objektiven Welt zu graben.[8]

Aus dieser Sicht erscheint also das Schreiben als Beherrschen der Materie und der Welt. Nicht die Materie hat das Sagen, sondern der Mensch, der sein Siegel unverkennbar auf die Objekte setzt, sie beschreibt und so ihres Willens beraubt. Die Freiheit des Individuums hängt von der Bezwingung der Materie ab, die ihm dann Zeichen zur Struktur seines Denkens liefert. Das Hervorbringen visueller Zeichen bedeutet also von Anfang an einen Ausweg aus einer nicht beherrschbaren Situation; sie stellen den notwendigen Überschuss dar (wie andere kulturelle Prozesse und Produkte), den der Mensch braucht, um eine Balance zu finden, seinen Ort im Kontext der Welt zu bestimmen als Subjekt, indem er alles andere zum stummen Objekt macht … Das Schweigen der Welt ist die Voraussetzung der göttlichen Schöpfung. Gott redet und die Welt war – der Mensch redet und die Welt ist.

Vilém Flusser zeigt eine weitere Seite des adamitischen Mythos. Da Gott sein Ebenbild aus Lehm geschaffen hat, schrieb er nicht im amorphen Lehm, sondern in ein Bild aus Lehm.

Nicht das Gegebene (das Datum »Lehm«), sondern gegen etwas Gemachtes (das Bild »Gott«) hat Er geschrieben. Gegen ein Faktum also. Die Geste des Schreibens richtet sich nicht unmittelbar gegen das Objekt, sondern mittelbar, durch ein Bild hindurch bzw. durch Vermittlung eines Bildes. Er gräbt im Lehm, um ein Bild zu zerreißen. Das grabende Schreiben (das Schreiben überhaupt) ist ikonoklastisch. […] Die alten Juden fielen vor den beiden Tafeln entsetzt auf die Knie, und in den Metamorphosen heißt es vom Goldenen Zeitalter, das noch keine Inschrift hatte: »nec verba minantia fixo aere legebantur – Damals wurden noch nicht bedrohliche Worte aus der dauerhaften Bronze erlesen«.[9]

In dieser Sicht erscheint der Mythos von der Erschaffung des Menschen das anti-magische Ziel allen Schreibens. Das Bilderverbot ist unmittelbar mit der Macht des geschriebenen Wortes verknüpft, und wie in der Geschichte des Goldenen Kalbes im Buch Exodus beschrieben wird, können die von Gott beschriebenen Tafeln, die wie Bilder durchsichtig waren, von beiden Seiten beschrieben, nicht neben dem wirklichen Bild des Kalbes als Gottesbild bestehen. Moses bricht also die Tafeln für und gegen Gott, und damit wird das vorschriftliche Bewusstsein ersetzt durch die Vorschriften: Gott diktiert Mose, was er auf den zweiten Tafeln zu schreiben hat. Eine alte Legende besagt, dass die Buchstaben der ersten Tafeln gen Himmel flogen und dort aufbewahrt sind …

Der Text wird nun zwar niedergeschrieben, bleibt aber das gesprochene Wort Gottes, das im Munde eines jeden Auslegers lebendig werden soll. Das einzige Bild, das erlaubt ist, sind die Buchstaben, eingraviert in den Tafeln; die Rabbinen mahnen aber, das hebräische Wort für eingraviert *charut* wie *cherut* zu lesen, das Freiheit bedeutet.

So wird jeder deterministische Effekt des Schreibens abgelehnt: Die jüdische Tradition bleibt eine im Grunde mündliche und der Weg der Überlieferung geht über die Erzählung, in der Geschichte und Biografie sich kreuzen. »Du bist der, der schreibt und der geschrieben wird«, schrieb Edmond Jabès über sein »Buch der Fragen« – so graviert jeder sich als Subjekt und Objekt in die Tora, die zugleich den Plan der Welt wie auch ihre vorgeschriebene Ordnung enthält. Die Existenz der Welt hängt von der Existenz des Buches ab, und es ist der Mensch, dem die Auslegung dieses Buches anvertraut ist.[10]

Auf diese Weise hängt die Lesbarkeit der Welt vom Buch ab, aber wenn niemand dieses Buch beständig schreibt, dann gibt es keine Welt. Das Schreiben ist Zerreißen, es dringt bis tief in unsere Vorstellungswelt, in das Reservoir unseres Gedächtnisses ein, um sich jedes Details, dessen es sich bemächtigen kann, zu bemächtigen. Flusser erinnert uns daran, dass der Vormarsch des Schreibens entlang der Zeilen in die Richtung des Unbewussten, in die Richtung der von Vorstellungen entblößten objektiven Welt entlang das ist, was wir »Geschichte« nennen. Es ist in dieser Hinsicht interessant zu beobachten, dass im Hebräischen von rechts nach links, also in rückwärts gewandter Geste geschrieben wird. Wir sind die von Gott beschriebenen Ziegel in der Welt.

Aus diesem Blickwinkel ist die Differenz nach Auschwitz zu verstehen: Aus den brennenden Öfen sind einige Ziegel gerettet worden, die in der Erinnerung des Herzens aufgehoben sind.

Wir lebten gleichsam in einer Art Erinnerung der Herzen, die stark genug war, jeden Gedanken an Trennung schmerzlich zu gestalten, aber dennoch zu schwach, unser Zusammenleben als ein Glück empfinden zu lassen. [...] aber dieses Empfinden und diese Sprache glichen bleichen und entfärbten Blättern [...][11]

Die Frage ist, ob es gemeinsame – starke oder schwache – Erinnerungen gibt, oder ob die Sprach-Blätter längst verblichen sind.

Der Philosoph Jean-François Lyotard hat den Unterschied zwischen Wissenschaft und Erzählung gezeigt. Laut Lyotard verbinden Erzählungen verschiedene Satz-Regelsysteme und ihr Ziel ist es, Wissen zu vermitteln, Ereignisse zu deuten, das Leben zu verstehen und überzeugend zu erklären. Sie neutralisieren den Widerstreit zwischen den Dingen.[12] Im postmodernen Denken jedoch ist das Wissen in eine Krise geraten. Von Beginn an war die Wissenschaft im Konflikt mit den Erzählungen, da sie sich in den meisten Fällen als Fiktion erweisen. Die Wissenschaft muss aber, wenn sie nicht nur die Regeln entdecken will und das Wahre sucht, einen Legitimationsdiskurs über ihren eigenen Status führen, der sich Philosophie nennt.

Lyotard identifiziert zwei Meta-Erzählungen, die die Moderne geprägt haben: die des spekulativen Diskurses in der Gestalt der hegelschen Philosophie und die der Emanzipation. Beide brechen auseinander in der Postmoderne, in der wachsenden Einsicht in die Relativität der Erkenntnis und die Aufhebung der Trennung zwischen Subjekt und Objekt, wodurch ein Delegitimationsprozess einsetzt für den Anspruch des Wissens selbst wie auch für seine Funktion im emanzipatorischen Bereich. Im Namen des Fortschritts wird eine Universalgeschichte erzählt. Subjekt dieser Erzählung ist die Menschheit, nicht der Mensch, der einen Namen hat. Diese Meta-Erzählung einer anonymen Idee, mit der das Individuum sich nicht identifizieren kann und zu der es sich nicht verpflichtet fühlt, kann es weder emanzipieren noch seinem Leben einen zusammenhängenden Sinn verleihen. So wird die Meta-Erzählung der Postmoderne zu einem Ort, an dem alle Widersprüche aufgehoben, alle Ereignisse integriert werden. Lyotard sieht im Ereignis Auschwitz den Sieg über die Differenzen, über den Menschen in seiner Einzigartigkeit, der der spekulativen Logik einen Spalt im »Selbst« verursacht. Hier geschah etwas, das nicht darstellbar ist im Rahmen der Regel der Erkenntnis. Der Tod wird legitimiert ohne Diskussion über Recht oder Unrecht. Der Name der Juden wurde ersetzt durch eine Nummer, keine Familie, keine Gemeinschaft sollte die Toten in Liebe aufnehmen, sie in die Erinnerung eingehen lassen, über sie erzählen, Gefühle zeigen im Schweigen der Erkenntnis, die den Widerspruch zulässt. Lyotard plädiert für die Rettung des Nicht-Darstellbaren, der Namen, der Eigen-namen für die Überlebenden.

Vor einigen Jahren, nach meinem ersten Besuch in Auschwitz, habe ich in Tagebuchaufzeichnungen versucht, dem einen Ausdruck zu verleihen:
»›Wohin fährt der Zug?‹ Er fährt in die Vernichtung, mein Kind. Es ist besser, dass du das jetzt schon weißt, vielleicht ist das ein Trost, ein Weg, das Ende leichter zu nehmen, die Augen zuzumachen, die Lungen auf und ganz tief einzuatmen, dann geht es rascher, du fällst sofort in Ohnmacht und die Engel können dich dann sofort in den Himmel bringen. Überleben ist viel, viel schlimmer. Nicht, weil das Leben so schlimm war, aber weil das Überleben unmöglich sein wird. Die Welt wird sich unerkennbar verändert haben, die Menschen werden einander nicht wiedererkennen, weil sie dort gewesen

sind, an dem Ort, von wo man nicht lebendig zurückkommt, mit lebendigem Geist, mit Hoffnung, Glaube und Liebe. All das, mein Kind, wird dahin sein. Un-wieder-holbar, für immer und ewig verloren, verweht im Rauch der Krematorien, im Geruch der Leichen, im Schrei der Kinder. Also besser den Tod wünschen, als das Leben. ›Ich setze vor dir das Leben und den Tod, und du wählst das Leben.‹ Nein, du wählst den Tod, weil der Tod noch, bis wir dort ankommen, noch mit dem Leben verbunden ist. Danach, nach Auschwitz, gibt es kein Leben mehr, das noch eine Wahl zwischen Tod und Leben ist: du wählst nun den Tod, freiwillig wählst du den Tod in Würde, in Freiheit, um das Leben, dein Leben, zu retten.

Vielleicht ist es besser, keine Worte zu haben, keinen Text, den man zitieren kann, den man ab- und anlehnen kann. Vielleicht ist es besser, aus dem Nichts zu schöpfen. Nicht ein Dualismus ist hiermit gemeint, Sein oder Nicht-Sein, sondern das Nicht als Anfang. Eine Leerstelle, wo du an Stelle der Leere stehst, nicht anstelle eines Anderen, der schon vor dir gesprochen hat. Das wirklich Un-Aussprechliche ausdrücken heißt eben nicht Gottes Namen, der nicht aussprechbar, sondern nur ansprechbar ist, es heißt, sich mit der Leere selbst auseinander zu setzen, wo kein Trost da ist, kein Ersatz die Leere je füllen kann. Dies zu tun heißt, sich der Suspension des Willens auszusetzen.

Wille Gottes und Wille des Menschen – es ist nicht wichtig, wer hier gemeint ist, die Hauptsache ist, dass das Thema Wille überhaupt eine Funktion im Leben hat. Einen Willen haben heißt, über Gut und Böse entscheiden, über Tod und Leben. Und genau das haben die Henker von Auschwitz genau gewusst. Nur darauf kommt es letztendlich an, auf den Willen. Der Wille zur Macht von Nietzsche? Nein, der Wille als Wille, l'art pour l'art, der Wille zur Macht war ja absurd in Auschwitz, die Juden waren ja machtlos, entmächtigt, physisch und geistig. Was war dort noch zu gewinnen, welches Machtspiel wurde dort noch gespielt? Es ging doch letztendlich nur noch um die Vernichtung selbst. Die Unmöglichkeit, dem Nichts in die Augen zu schauen, die Ver-nichtung über das Nicht zu wählen. Nur den Ort nicht zu erreichen, wo alles *noch nicht* entschieden ist, wo die Geschichte noch anders ausgehen kann. Wo noch nicht alles entschieden, gestempelt, exekutiert ist. Es gibt noch ein Zurück, eine letzte Chance, es *nicht* zu tun. Die Vernichtung abzusagen, die Züge abzubestellen, die Verordnungen zu widerrufen, die Beamten nach Hause zu schicken, die Soldaten zu ihren Kindern abzukommandieren. Aber dafür war ein Entschluss nötig. Man musste einen Grund haben, wieder neue Verordnungen herausbringen, Gesetze ändern – aber wer sollte das beschließen. Nein, es musste weitergehen, weil niemand den Willen aufbringen konnte, nicht zu wollen, den Mord nicht auszuführen, das Nicht zu wählen …

Wie leicht ist es, sich dies alles vorzustellen, zu träumen, dass alles nur ein böser Alptraum ist, ein dämonischer Plan, ›was haben sie sich da ausgedacht?‹ Nichts haben sie sich da ausgedacht, sie konnten nur den Willen nicht aufbringen, die Aktion zu stoppen. Um jeden Preis musste man beweisen, dass die Entscheidung richtig gewesen war, warum sonst alle Opfer, warum sonst der ganze Einsatz. Es muss ein logischer, vernünftiger Grund gefunden werden, um die Registrierung, die Notwendigkeit der Dokumentation durch Bild und Film für die nachkommenden Generationen zu beweisen, sodass sie wissen, für immer und ewig, was ihre Ahnen, die Helden von Auschwitz, alles für das Vaterland getan haben. Welche Grausamkeiten sie auszuführen hatten, sodass die Arier für immer und ewig in einem judenfreien Kontinent Europa leben können. Alle Entbehrungen waren es wert, dafür sollten sie für immer und ewig Helden bleiben. Gerade die Grausamkeit, der Abstieg in die Abgründe der Menschheit war ihre Heldentat. Wo gab es in der ganzen Menschheitsgeschichte eine so durchdachte, von so vielen Menschen ausgeführte Vernichtungsaktion? Wo gab es einen solchen Einsatz, in den kleinsten Dörfern noch das letzte jüdische Kind aufzuspüren – keiner sollte übrig bleiben, sodass wir leben …

Manchmal erkennt man die Welt nicht mehr. Man hätte doch erwartet, dass die Völker Europas nach einer solchen Aktion etwas gelernt hätten. Dass man jedes Gesetz, jede Verordnung von nun an auf ihre Menschlichkeit hin befragen muss, ob es menschlich stimmt, nicht ob damit das System, die Demokratie gefährdet wird, durch zum Beispiel zu viele ›Sonderregelungen‹. Aber nach einer Zeit der ›Sonderkommandos‹, der ›Sonderbehandlungen‹, des ›Sonderweges‹ darf man doch nicht einfach so weitermachen. Wie kann man nahtlos übergehen in eine Demokratie, wenn man diesen Abgrund nicht immer und ewig vor Augen hat, nicht mit jeder Unterschrift, mit jedem Stempel ein menschliches Gesicht vor sich sieht. Die Namen der ›Opfer‹ aufzuschreiben ist doch nur ein Ersatz, eine Stellvertretung für den eigenen Namen, der in jeden Ermordeten eingeschrieben ist. Da hilft doch nicht die Gnade der Spätgeburt oder die Unschuld der Frühgeburt. Man ist ja nicht zu früh oder zu spät geboren: Nur zur rechten Stunde ist man da, damals wie jetzt, heute ist man da für Gestern und Morgen, aufgespannt auf einem Draht, zwischen Himmel und Erde. Die Stunde ist meine Stunde, wie Paul Celan sagt: ›Die Stunde stellte sich vor die Uhr und befahl ihr richtig zu gehen.‹

Meine Stunde, in der ich durch meine Entscheidung, da diese Stunde *mir* gegeben ist, mich und meine Zeit in die Ewigkeit einschreibe. Zum Guten wie zum Bösen. Als Held oder als Opfer. Warum sprechen wir immer von den anderen, warum reden wir nicht über uns selbst. Unsere Hoffnungen, Ängste, Erwartungen, Wut, Trauer, Ohnmacht. Die damals, Opfer *und* Täter, hatten doch dieselben Gefühle … oder nicht?

War es eine Heldentat, dies alles für Führer und Vaterland ohne jegliche Gefühle zu machen, sich zu härten, Schwäche zu zeigen heißt ja, sich zu erbarmen, das Weinen der Kinder ernst zu nehmen. Man ist doch auch selbst mal Kind gewesen, man hat doch auch mal Barmherzigkeit und Trost gesucht im Dunkel. War dies alles vergessen, unmöglich geworden? War der Tod letztendlich die Rettung vor dem Leben, das unmöglich geworden war? Aber wenn es zumindest die Rettung vor dem eigenen Tod gewesen wäre, dann wäre alles nicht so schlimm. Aber es war der Mord an den Anderen, nicht der Bekannte im Nebenhaus, nein, der unbekannte Andere, der Fremde, der mir fremd geworden war, da ich mir selbst fremd geworden bin.

So sind die Gesetze und Verordnungen zu Gefängnisgittern geworden, die nicht nur die Menschen voneinander, sondern den Menschen von sich selbst abtrennen. Selbstentfremdung ist die Bedingung dafür, dass die moderne Gesellschaft funktioniert. Die Panik auf den Gesichtern der Leute, wenn ein Computer abstürzt, ist das äußere Zeichen eines inneren Kollapses, der Innen und Außen verbindet und der bereits viel früher stattgefunden hat, sodass nur der äußere Mensch mit seiner Umwelt verbunden blieb. Der Computer muss ihm den Weg zeigen, das Internet seine Fragen beantworten und weh einem, wenn er nicht reagiert auf seinen Befehl. Unerkennbar ist der Mensch sich geworden, keine Feder zwischen den Fingern, keine müde Hand mehr, keine Handschrift, die noch Emotionen zeigt, nichts davon ist mehr da. Keine weißen Blätter, die gefüllt werden. Zeilen. Das Schriftbild ist regelmäßig geordnet. Die Buchstaben stehen wie Soldaten in einer Reihe, in jeder beliebigen Form, in der ich dies wünsche. Wie die Menschen so sind nun auch die Gedanken das Produkt von Ver-ordnungen. Ordnung muss sein, sonst bricht das Chaos aus; eine Un-Ordnung, die die Ordnung in Frage stellen könnte. Wer würde ein anderes System erfinden, wenn dieses zusammenbricht? Also, besser, dass der innere Mensch einstürzt als die äußere Wirklichkeit. Der Anschein muss um jeden Preis bewahrt bleiben, sodass der Endpreis stimmt. Die Rechnung muss aufgehen, niemand darf sich verrechnet haben. Die Vergangenheit muss stimmen, sodass auch die Zukunft stimmt. Was dann in der Gegenwart sich wiederholt, interessiert niemanden. Nur keine Un-erwartungen. Der Tod muss sicher sein, vor dem Buchstaben, vor dem Menschen.

Man kann den Text beliebig hin- und herschieben, die Buchstaben auslöschen und einstellen, ohne eine Spur zu hinterlassen. Unsichtbare Korrekturen, eine textuelle Kosmetik, wie die körperliche: nur keine Spuren hinterlassen vom lebendigen Wort, lebendigen Menschen.

So gibt es in dieser Welt ›Verbündete‹. Verbündeter sein heißt, sich der Sache nicht entziehen zu können und diese Tatsache als etwas *Positives* zu betrachten. Nicht Verdrängungsaktionen oder übertriebene Philosemitismen, sondern eine Selbstverständlichkeit, die alle Zweifel wegnimmt, mitnimmt sozusagen. Vielleicht ist dies auch die einzige Selbstverständlichkeit, die es in der Welt gibt: aus der Not eine Tugend zu machen, nicht im billigen Sinn des Sprichwortes, sondern wirkliche Not zu spüren und sie in eine Aufgabe umzusetzen. So entstehen Wahlverwandtschaften unter den Menschen, Über-Lebenden, die jetzt ihr Leben ganz bewusst wählen, jenseits aller Konventionen und Regeln. Sie sind es, die eine ewige Wache stehen müssen, von hier bis zur Ewigkeit, die es sich nicht leisten können, einfach zu heiraten und Kinder zu kriegen, Enkelkinder zu genießen, das Glück zu suchen – für sie sind dies nur ›Ausreden‹, um ein Leben im Aufschub zu rechtfertigen, nicht zur letzten Station zu kommen, wo alles um Tod und Leben geht, wie damals für die Opfer und für die Täter …

Dies ist ihr Trost: dass es noch einige wenige in der Welt gibt, die auch so leben müssen, weil sie dies ohne eine Wahl zu haben, in ihrer Seele, ganz bewusst gewählt haben – nach einem ebenso langen schmerzhaften Prozess, in dem dann auf einmal ganz plötzlich, unerwartet das Unglück ins Glück umspringt, um dann nach vielen Jahren als Glücksfall erkannt zu werden. Das Fallen aus dem Glück heraus als Glücksfall zu erleben, ist der Anfang des Lebens, des Lebens als Aufgabe, ein Mandat, das niemand einem gegeben hat, das aber gerade dadurch seine Bedeutung gewinnt.

›Ich bin Anfang oder Ende‹, sagt Kafka.«[13]

Jean-François Lyotard vergleicht die Juden mit einer

Schar vergesslicher Seelen, die das Vergessene wesentlich darum bedrängt, um zu-rückzurufen, was sie ihm schulden [...] Dieses Etwas ist kein Begriff und keine Vorstellung, sondern eine »Tatsache«, ein »Faktum«: dem man verpflichtet ist und das in der Schuld des Gesetzes steht.[14]

»Die Juden« sind Zeugen dafür, dass jede Darstellung Undarstellbares mit sich bringt, dass in diesem Entzug sich etwas ankündigt, eine Gegenwart, eine »verbergende Entbergung«. Das Denken der Juden versucht eigentlich nur dies zu denken, und so wird an den Juden als Volk vollzogen, was man gegen das Denken der Juden vollziehen will, nämlich das Vergessen und Verdrängen des Undarstellbaren, Ausgrenzung und Vernichtung dessen, was sich nicht integrieren lässt, was den Widerspruch bis zum Letzten aushält.

Man darf den Antisemitismus des Abendlandes nicht mit dessen Xenophobie verwechseln. Er ist vielmehr eines der Mittel seines kulturellen Apparates, den ursprünglichen Schrecken, so gut es geht, zu bannen, ihn darzustellen und abzuwehren, ihn aktiv zu vergessen. Er bildet die defensive Ergänzung seines Angriffsmechanismus, der griechischen Wissenschaft, des römischen Rechts und der römischen Politik, der christlichen Geistlichkeit, der Aufklärung, jene Ergänzung, die der »Kehrseite« des Wissens, des Habens, des Wollens und des Hoffens zugewandt ist. Im Mittelalter werden die Juden genötigt, sich zu bekehren, und sie wiedersetzten sich der Konversion kraft einer reservatio mentalis. Im Zeitalter der Klassik werden sie vertrieben, und sie kommen zurück, in der Moderne werden sie integriert, doch sie beharren auf ihrer Verschiedenheit. Im 20. Jahrhundert werden sie vernichtet.[15]

Im Denken der Juden ist das aufgehoben, was das jüdische Volk als Ganzes bestimmt: ein Ereignis, das nicht darstellbar ist, da dies bedeuten würde, die Bedeutung des Ereignisses zu enthüllen und wiederherzustellen.

Es ist die Aufgabe der Juden, das Undarstellbare zu bewahren, gegen jede Logik, gegen jede geschichtliche Beweisführung, die göttliche Aufgabe im Erinnern durch ihr Handeln zu bestätigen, sich dem Warten auf das Unerwartete hinzugeben. Auf den Widerstreit darf nicht verzichtet werden, da es ja ein Streit um des Himmels Willen ist, noch mehr, jetzt nach Auschwitz.

An der Schwelle zum 21. Jahrhundert tragen Juden in der ganzen Welt den Zeitbruch des europäischen Judentums in sich, ein Bruch, der nicht zu heilen ist in dieser Welt, dessen Spuren aber an jedem Tag sichtbar werden. In der modernen Welt erhofften sich die Juden die Praxis ihrer alt-neuen Tradition, einer Moral, die in einer sittlichen Praxis ausgetragen werden kann. Aber sie begegneten dieser Moral als Prinzip, als Lehre, nicht als Praxis. Diese Moral wurde nicht mehr als Botschaft praktiziert, die den Boten rechtfertigte, *seine* Stimme hören zu lassen. Sie hatte die Anstrengung des Geistes verloren, die Zerrissenheit einer Seele, wenn er oder sie Unrecht begegnet, die andere Meinungen sich leidenschaftlich seiner eigenen entgegensetzt. Als die Mauern des Ghettos fielen, waren die Juden nicht vorbereitet auf den geistigen Kampf um ihre Ideale in der Welt. Es ging nicht nur um die vier Wände der Lehrhäuser und die Bewahrung der Tradition. Denken wir an Gustav Landauer, Kurt Eichner, Walter Benjamin. Diese jüdischen »Atheisten« waren vielleicht mehr um die Menschheit bekümmert als die Massen der Frommen.

Eine jüdische Renaissance begann bekanntlich um Martin Buber, und viele, wie auch Gershom Scholem und Walter Benjamin, waren mitgerissen, obwohl sie oft den kulturellen Zionismus einem politischen vorzogen. Aber obwohl Scholem bereits früh richtig warnte vor den messianischen Zügen der jüdischen Geschichtsdeutung, blieb er bis zum Ende Zionist, da er wohl wusste, dass auch er aus Europa würde fliehen müssen, um Auschwitz zu entkommen.

Der Bruch über den Abgrund der Geschichte kann nur zur Brücke werden durch ein gemeinsames erinnerndes *Gedächtnis der Zeugenschaft*, in dem das durch die Geschichte »Eingravierte auf den Tafeln« sich in eine »Freiheit auf den Tafeln« verwandelt. Es bedeutet nicht, die Geschichte neu zu schreiben, sondern das Heute im vollen Bewusstsein des Geschehenen zu leben.

Die Begegnung mit dem jüdischen Erbe Europas eröffnet nun jenseits der Schuldfrage und jenseits der Unterscheidung zwischen der persönlichen Schuld der Täter und der kollektiven Haftung derer, die es – aus welchen Gründen auch immer – unterlassen haben, etwas zu tun, die Möglichkeit, neue Lebensformen zu gestalten. Dies wäre eine neue Form der Mithaftung, die aus der eigenen Geschichte heraus in einen Dialog mit dem »fremden Feind«, einem verzerrten Bild der Juden und des Judentums, treten könnte. Es geht nämlich nicht nur um das Wachhalten der Erinnerung an das Leiden der Hingemordeten, das die Nachgeborenen in oft verzweifelter oder ablehnender und jedenfalls umtreibender Erinnerung üben können, nicht nur um die politischen Implikationen der Restitutionsdebatte – dies alles stünde noch immer unter dem Zeichen der Schuldfrage –, sondern es geht hier um die kardinale Frage: Gibt es eine Tradition – ein geistiges Gedankengut –, woraus ein neues Ethos erwachsen kann, das aus einem genuinen Trauerakt, einem wirklichen Gefühl des Verlustes, Kräfte für neue Anfänge schöpft? Es geht hier um mehr als um die Selbstachtung oder die Achtung von Seiten der anderen.

Sicherlich ist es nicht angemessen, die angetretene Haftung durch einebnende Vergleiche herunterzuspielen, die Singularität der Naziverbrechen wie auch die Teilnahme Österreichs daran zu relativieren, aber wächst nicht auch, gerade dadurch, durch das Verbrechen an den Juden, eine Einsicht, nämlich die Aufgabe, gerade das »Jüdische« in der europäischen Tradition neu zu entdecken? Was damit im Einzelnen gemeint ist, steht noch offen, aber sicherlich lohnt es sich, die spezifischen Züge der jüdischen Kultur und Geistesgeschichte im europäischen Kontext neu zu entdecken. Freiheit, Verantwortung und Selbstbestimmung sind leere Floskeln, wenn sie nicht begleitet werden von einer inneren Haltung der »Dazugehörigkeit«. Es gibt keine Kultur ohne Kulturträger. Die Ausgrenzung der Juden sollte nicht in historischer Perspektive enden in einer Ausgrenzung der Verbrechen an den Juden.

In Mitteleuropa und insbesondere in Wien haben Juden eine herausragende kulturelle Rolle gespielt und ihre Spuren in jedem Bereich des geistigen, wirtschaftlichen und gesellschaftlichen Lebens hinterlassen.

Orte der Erinnerung sind in dieser Hinsicht nicht nur Begegnungsstätten, die am Jahrestag begangen werden, sondern Geburtsorte des Neuanfangs, Orte, wo die Gegenwart sich in rückwärtsgewandtem Blick für die Zukunft öffnet, wo die hypothetische Frage: »Welche Welt würde ich wohl durch mein Handeln schaffen, wenn es in meinem Vermögen stünde?« eine Bedeutung gewinnt.

Es erinnert an ein altes rabbinisches Wort, das im Namen von Rabbi Tarphon überliefert wird in den Sprüchen der Väter (2,21): »Du brauchst die Arbeit nicht zu vollenden, aber du bist auch nicht frei, dich daraus zu entziehen.«

Das Vertrauen auf die Kraft des Menschen, autonom zu handeln, wird zusammengehalten durch die Kette der Tradition, wo eine Generation der anderen die nicht vollbrachte Arbeit als Erbe weiterreicht.

Wir stehen und schauen auf Vernichtung und Erneuerung: Shoa und die Gründung des Staates Israel. Diese beiden Ereignisse trennen das Judentum und das Abendland. Man kann darüber streiten, ob die Vereinten Nationen 1947 aus Wiedergutmachung den Juden endlich einen eigenen Staat gegeben haben. Es war ein Traum, den Theodor Herzl in dieser Stadt – vor mehr als einhundert Jahren – träumte, in einer Zeit, in der junge Juden aus Wien, wie mein Vater, zur Grundsteinlegung der Hebräischen Universität am Skopusberg fuhren und sich am Weg in Ägypten stolz auf Kamelen vor den Pyramiden fotografieren ließen. Beide Ereignisse, die Shoa und der Staat Israel, haben das Gesicht des modernen Judentums grundsätzlich verändert – Israel ist es von nun an geboten, sich der Probleme der Völker anzunehmen. Es kann nicht länger als Fremder zusehen: dort im humanistischen Europa, einem Europa, das durch das Christentum und durch das griechisch-römische Erbe der Aufklärung geprägt war, hat es ein Drittel seines Volkes verloren. Die Vernichtung bedeutet für die Juden eine Identitätskrise in einer Welt, die das Christentum Jahrhunderte lang geformt hatte und in der sie sich durch universale Werte der Aufklärung zu Hause eingebettet fühlten.

Diese Gemeinsamkeit ist von nun an zerstört – Identitätssuche ist das Hauptproblem des modernen Juden, auch des modernen Menschen, aber wo liegen die Unterschiede?

Im westlichen Judentum kam es bereits vor den zwei Weltkriegen zu einer Sehnsucht nach einer Rückkehr zu den eigenen Quellen. Das Aufkommen der Wissenschaft des Judentums ist ein klares Zeugnis dieser Suche, wie auch beispielsweise die Lehre des Oldenburger orthodoxen Rabbiners Samson Raphael Hirsch. So entdeckten Philosophen wie Franz Rosenzweig und Schriftsteller wie Franz Kafka ihre jüdischen Wurzeln. Menschen, die vorher ihre ganze Existenz in die so klar definierten Kategorien der westlichen Weltanschauung der Nation, des Staates, der Kunst, der gesellschaftlichen Klasse und des Bekenntnisses eingebettet zu haben schienen, fanden sich plötzlich allein gelassen, isoliert. Diese neue Symbiose, die aus den alten Wurzeln neue Kräfte schöpfte, wurde von der Shoa zerstört. Viele mussten flüchten und fanden in Palästina eine neue Heimat, eine Heimat, die zwar uralt ist und sicherlich als geistige Heimat zu jeder Zeit einen fruchtbaren Boden für Erneuerung anbietet, aber wo nach fünfzig Jahren noch immer kein Friede ist. Die Verbindung der Juden mit der Shoa und mit dem Staat Israel, im negativen wie im positiven Sinne, ist der Abgrund, der das Judentum und das Abendland in diesem Jahrhundert trennt.

Es spricht aus den vielen Zeugnissen deutscher Juden, etwa

denen Jakob Wassermanns, Walter Rathenaus, Margarete Susmans, Joachim Prinz' und sicherlich Martin Bubers.

Manès Sperber, der, wie mein Vater, Großvater und Urgroßvater – der sogar Bürgermeister dieses kleinen Städtchens war – aus Ostgalizien, aus Zablotov stammt, schreibt in seinem Buch »Churban« über sein Jude-Sein nach der Shoa:

Ich bin ein Jude, weil ich in meiner Kindheit von einer allumfassenden, alles durchdringenden jüdischen Erziehung geformt worden bin. Man lehrte mich alles im Hinblick auf Gottes Gebote zu erkennen, zu verstehen und zu deuten; noch vor dem Schulalter las ich die Bibel im Original, daneben auch deutsch, wie etwa Grimms Märchen, und die Zeitung, die aus Wien kam. Man belehrte mich aufs Eindringlichste über die von der jüdischen Ethik angeordneten Lebensregeln, deren Gebieterisches für mich unveränderlich geblieben ist: den Einklang von Glauben und Tun, von Theorie und Praxis zu erlangen, und in seinem Sinn zu leben. Ich wage nicht zu behaupten, dass ich dieses Gebot stets befolgt habe, aber ich habe nicht aufgehört, an jenen Lebensregeln zu ermessen, ob ich jeweils meinem Leben einen Sinn gab oder in Gefahr geriet, es sinnwidrig zu vergeuden.[16]

Dies ist eine kurze Zusammenfassung der geistigen Biografie vieler europäischer Juden, die aus der Geborgenheit des Schtetls ihre persönlichen und jüdischen Werte auch in der großen Welt des Westens bewahren wollten. Das große Wort von Rabbi Hillel: »Was du nicht willst, das man dir antue, das tue auch keinem anderen an«, ein Spruch aus der römischen Antike, war Wegweiser. Es gibt also eine ausgesprochene Solidarität zwischen Juden aufgrund der gemeinsamen schicksalhaften Ereignisse der Shoa. Aber wie steht es mit dem Verhältnis zum Staat Israel und all dem, was dort jetzt passiert? Manès Sperber betont die Tatsache, dass diese Ereignisse seinen Nacken verhärteten, im Sinne des biblischen Gleichnisses, jäh versteinert haben. Das große Unrecht, das dem Judentum in diesem Jahrhundert angetan wurde, macht sie nicht blind, doch hart gegenüber den anderen. Die Frage stand aber von Anfang an da (Genesis 4,10): »Bin ich meines Bruder Hüter?«

Hannah Arendt sagte in einem Gespräch mit George Baird und Hans Jonas:

Ich bin ganz sicher, dass diese ganz totalitäre Katastrophe nicht eingetreten wäre, wenn die Leute noch an Gott oder vielmehr an die Hölle geglaubt hätten, das heißt, wenn es noch letzte Prinzipien gegeben hätte. Es gab aber keine. Und sie wissen so gut wie ich, dass es keine letzten Prinzipien gab, an die man mit Aussicht auf Erfolg hätte appellieren können. Man konnte niemanden anrufen.[17]

Darauf antwortet nun Hans Jonas in einem ganz anderen Text, der für unser Thema von höchster Bedeutung ist. Es ist ein Vortrag, den er 1992 in München im Rahmen der Reihe »Ende des Jahrhunderts« gehalten hat. Dort heißt es:

Im Erwachen aus hundertjährigem technologischen Beutefest und Siegestaumel, mit seinen Glücksutopien für das ganze Geschlecht, entdecken wir eine früher unvermutete Tragik in der Gabe des sechsten Schöpfungstages, der Verleihung des Geistes an ein Wesen der Notdurft und der Triebe. Im Geiste treffen sich Adel und Verhängnis. Er, der in seinem Selbstwert das Sein des Menschen im Metaphysischen erhöht, wird in seinem Nutzwert das Instrument brutalsten biologischen Erfolges. In sich erfüllt er die Bestimmung des Menschen, um sich verbreitet er Verderben. In ihm gipfelt das »Ja« des Seins zu sich selbst, das mit der ersten Regung fühlenden und sterblichen Lebens laut wurde, und er untergräbt die Basis, die ihn trägt. Auf der Höhe äußeren Triumphs stellt er die mit ihm geschmückte Gattung vor einen Abgrund. Doch dass er ihn zu sehen beginnt, bietet den Schimmer einer Chance, den Absturz zu verhüten. Denn der sich hierbei als Verhängnis erkennende Geist ist ja nicht nur instrumentale Intelligenz zu beliebiger Macht über Dinge; er hat vielmehr seine ureigene Motivation aus der Wahrnehmung von Werten. In ihm formen sich die Begriffe des Guten, der Pflicht und der Schuld. Er rühmt sich der Freiheit und der Wahl und erklärt sich damit verantwortlich für sein Tun. Und da sein Tun jetzt das Ganze bedroht, vermag er auch seine Verantwortung für den Fortbestand des Ganzen zu erkennen.[18]

Das Leben in einer vollständig historisierten Welt hat die Suche der Juden nach Identität nie befriedigt, und viele jüdische Dichter und Denker haben sich mit diesen Fragen intensiv beschäftigt, es ist eine Tradition, die durch die Shoa vergessen ist, da die Schüler von Hermann Cohen und Franz Rosenzweig größtenteils nicht am Leben geblieben sind. Martin Buber hat in seiner »Philosophie des Dialogs« das *Zwischen* gesucht. Seine Suche war nicht eine Suche nach Wahrheit, sondern nach Wirklichkeit. »[…] die lebendige Wirklichkeit, in der wir stehen, nicht als Wahrheit erfassbar, aber uns lebend und von uns gelebt, auf uns wirkend und durch uns gewirkt von ihr aus«, so schreibt Buber, »wie kein anderes Buch redet die Bibel, auf sehr menschliche Weise, nicht in reinem, einigen streng gegliederten Laut, wie die Systeme, vielleicht mehr stammelnd, brüchig ungefüge, aber von der Wirklichkeit aus.«[19]

Emmanuel Lévinas zieht daraus die letzte Konsequenz: Die Extremsituation des Zwischenmenschlichen ist letztendlich der Tod des Anderen.

Der Tod des anderen Menschen stellt mich vor Gericht und in Frage, als ob ich durch meine eventuelle Indifferenz der Komplize dieses für den Anderen, der sich ihm aussetzt, unsichtbaren Todes würde; und als ob ich, noch bevor ich ihm selbst geweiht bin, diesen Tod des Anderen zu verantworten hätte und ich den Anderen in seiner tödlichen Einsamkeit nicht allein lassen dürfte. Gerade in dieser Erinnerung an meine Verantwortlichkeit durch das Antlitz, das mich vorlädt, das mich fordert, das mich beansprucht – in dieser Infragestellung ist der Andere Nächster.[20]

An dieser Stelle gewinnt der sinnlose Mord seine Bedeutung: als Überlebender der Shoa, als Jude, der den größten Teil seiner engen Verwandtschaft in der Vernichtung des europäischen Judentums, im Mord an Unschuldigen verlor, findet Emmanuel[21] Lévinas den Sinn des Todes. Er liegt jenseits der Dialektik von Sein und Nichtsein. Der Tod bedeutet die Erinnerung an die Verlassenheit, an die tödliche Einsamkeit des Anderen. Die Übernahme der Verantwortung als Erinnerung und Weihe macht den Anderen zum Nächsten, macht mein Leben sinnvoll. Dieser Sinn hat jedoch eine Bedingung: Er ist geboren aus einer *gerichtlichen* Auseinandersetzung[22] mit seinem Selbst –

> *als ob ich durch meine eventuelle Indifferenz der Komplize dieses für den Anderen, der sich ihm aussetzt, unsichtbaren Todes würde.*[23]

Die *Indifferenz* gegenüber dem Tod des Anderen macht den Menschen zum *Komplizen*, jenseits der Frage von Opfer und Täter, Gnade der frühen Geburt und Unschuld der späten Geburt. Es betrifft mich, mein Leben und das Leben meiner Kinder und Enkelkinder. Im Tod ist der Andere mir am nächsten, am Tor vor dem Gesetz meines eigenen Lebens.

> *So wie das Gebot, durch das Gott in mein Denken einfällt, mir vom Antlitz des Anderen her bedeutet wird.*[24]

Es ist ein tragisches Paradox, dass diese Einsicht gerade dem jüdischen Philosophen Emmanuel Lévinas nach Auschwitz als Erneuerer des jüdischen Denkens in der europäischen Geistesgeschichte so deutlich wurde. Bis zum Ende glaubte er an die Erneuerung des jüdischen Denkens im Abendland, trotz allem, da für ihn authentisches Denken immer Erneuerung darstellte, ein »Aufmerken auf die Jugend der Welt«, das in der Fortdauer des Judentums sichtbar wird.

Er verstand es – bis zum Ende seines Lebens in der Diaspora verweilend –, diese Fortdauer ins Licht der Ewigkeit zu stellen, um auch dem modernen säkularen Juden im Land Israel einen alten Weg zu zeigen:

> *Nichts ist lächerlicher als der eingesessene Jude, dessen Herz an allen Nichtigkeiten der Welt hängt, der schwierige Lehren vergisst, sich jedoch immer noch für ein prophetisches Bewusstsein hält. Wie seriöser erscheint dagegen ein*

Wille, der sowohl auf jene maßlosen Gefahren und jene Auserwähltheit verzichtet, um sich Gefahren im Maßstab der Geschichte und der politischen Tat zu stellen.[25]

Anmerkungen

1 Sara Kofman, Rue Ordener, Rue Labat, Autobiographisches Fragment, Paris 1994, dt. Ausgabe Tübingen 1995, S. 9.

2 Siehe meine Ausführungen zum Thema der »mosaischen Entscheidung« in Abgrenzung zur »mosaischen Unterscheidung« (Jan Assmann) in der Einführung zum »Das Jüdische Erbe Europas. Krise der Kultur im Spannungsfeld von Tradition, Geschichte und Identität«, hrsg. v. Eveline Goodman-Thau und Fania Oz-Salzberger, Berlin 2004.

3 Babylonischer Talmud, Schabbat 88a.

4 Jürgen Habermas, Eine Art Schadensabwicklung, Frankfurt a. M. 1987, S. 163.

5 Ebd., S. 164.

6 Emmanuel Lévinas, Schwierige Freiheit. Versuch über das Judentum, 2. Aufl. Frankfurt a. M. 1996, S. 19f.

7 Vilém Flusser, Die Schrift, Frankfurt a. M. 1992, S. 14.

8 Ebd., S. 15.

9 Ebd., S. 17.

10 Vgl. Eveline Goodman-Thau, Zeitbruch. Zur messianischen Grunderfahrung in der jüdischen Tradition, Berlin 1995. Hier wird die Implikation dieser Tatsache in Bezug auf die messianische Grunderfahrung im Judentum erörtert.

11 Illa Meisels, Erinnerung der Herzen, unvollendetes Manuskript, begonnen in Wien 3.IV.1928, Publikation in Vorbereitung.

12 Jean-François Lyotard, Der Widerstreit, München 1987.

13 Eveline Goodman-Thau, In der Arche der Unschuld. Versuch einer Vernunftkritik nach Auschwitz (Publikation in Vorbereitung).

14 Jean François Lyotard, Heidegger und »die Juden«, Wien 1988, S. 11.

15 Ebd., S. 35.

16 Manès Sperber, Churban oder Die unfassbare Ewigkeit, München 1983, S. 39.

17 Hannah Arendt, Ich will verstehen. Selbstauskünfte zu Leben und Werk, München 1996, S. 85.

18 Hans Jonas, Philosophische Rückschau und Vorschau am Ende des Jahrhunderts, Vortrag gehalten am 25. Mai 1992 in München, Frankfurt a. M. 1993, S. 38f.

19 Martin Buber, Philon und Cohen. Ein Fragment (1928), Jüdische Rundschau 17 VIII, aufgenommen in: Kampf um Israel, zit. n. Martin Buber, Der Jude und sein Judentum. Gesammelte Aufsätze und Reden, Gütersloh 1993, S. 795.

20 Emmanuel Lévinas, Wenn Gott ins Denken einfällt, Freiburg/München 1988, S. 252.

21 Wörtlich im Hebräischen: »Gott ist mit uns.«

22 Das hebräische Wort für »beten« ist *lehitpalel* – wörtlich: »mit sich ins Gericht gehen«.

23 Emmanuel Lévinas, Schwierige Freiheit. a. a. O., S. 252.

24 Ebd.

25 Ebd, S. 185.